Martina Güldemann

# Wir
## vom Jahrgang
# 1956
### Kindheit und Jugend

# Impressum

## Bildnachweis:

Umschlag: Privatarchiv der Autorin (vorne); Thomas Ehrlich (hinten).
Innenteil: Thomas Ehrlich: S. 11, 12 o, 19, 34o, 36 li, 49; Barbara Schulz: S. 26, S. 31 u, 35, 36 re, 57; Ottokar Domma, Der brave Schüler Ottokoar © Eulenspiegel, Berlin, 1967: S. 33; Sammlung Daniel Stroscher: S. 45 (2); Matthias Pasch: S. 53, 59 (2), 61 (2), 62.
Alle anderen Aufnahmen stammen aus dem Privatarchiv der Autorin.

Wir danken allen Lizenzträgern für die freundliche Abdruckgenehmigung.
In Fällen, in denen es nicht gelang, Rechtsinhaber an Abbildungen zu ermitteln,
bleiben Honoraransprüche gewahrt.

Für die Unterstützung danke ich besonders: Ilse Röder, Thomas Ehrlich, Armin und Maren Müller, Andrea Schroeter, Barbara Schulz.

8. Auflage 2025
Alle Rechte vorbehalten, auch die des auszugsweisen
Nachdrucks und der fotomechanischen Wiedergabe.
Gestaltung und Satz: r2 | Ravenstein, Verden
Druck: Druck- und Verlagshaus Thiele & Schwarz GmbH, Kassel
Buchbinderische Verarbeitung: Buchbinderei S. R. Büge, Celle
© Wartberg-Verlag GmbH
34281 Gudensberg-Gleichen • Im Wiesental 1
Telefon: 056 03/9 30 50 • www.wartberg-verlag.de
ISBN: 978-3-8313-3156-7

# Liebe 56er!

Wir vom Baujahr 1956 haben es doch eigentlich ganz gut getroffen. Nicht mehr in die ganz schlechte Zeit hineingeboren, als Kinder, die es mal besser haben sollten, geliebt, dann das langsame Aufbrechen des engen politischen Korsetts als wir Jugendliche waren. Der Weg zu Beruf und Familie ging relativ reibungslos, aber auch oft langweilig vonstatten. Dann der Aufbruch, der Gedanke, da muss es noch etwas anderes geben, die Wende. Und wir mittendrin, in der Blüte unseres Lebens. Wir haben die Ärmel hochgekrempelt, blitzartig umgelernt, ja, uns auch wieder angepasst, aber dabei meistens nicht unsere Wurzeln verleugnet. Im Gegenteil, unsere typischen Lebensläufe, unser oft anderes Verständnis für viele Dinge war ein voller Gewinn für das neue Deutschland oder sollte zumindest einer sein. Es gibt so vieles, an das wir uns gemeinsam erinnern. Wir wissen um die Freude, wenn ein „Westpaket" kam, wir wissen, wer Täve war, wer Prof. Flimmrich und wer Meister Nadelöhr. Bei der Recherche zu diesem Buch, bei den zahlreichen Gesprächen mit Gleichaltrigen habe ich festgestellt, dass z. B. unser erster Schultag ganz ähnlich verlaufen ist. Dann waren da die Besuche in der Disko und die Musik, für die wir schwärmten. Und was wir alles versucht haben, um an gute Klamotten zu kommen. Davon erzählt dieses Buch, von Dingen, die unsere ersten 18 Jahre geprägt haben, den kleinen und großen und von dem was um uns herum geschah. All das, was uns hat so werden lassen, wie wir sind.

Unser gegenwärtiger Alltag ist mit so vielen Dingen vollgestopft, dass ich mir nie und nimmer die Zeit genommen hätte, noch einmal so gründlich in meine Kindheit und Jugend einzutauchen, wenn es nicht zu diesem Buch gekommen wäre. Mir hat es riesigen Spaß gemacht und ich hoffe, dass es den anderen 1956 Geborenen, die dieses Buch in ihren Händen halten, beim Lesen ebenso ergeht.

Martina Güldemann

# Zerknautscht und schrumpelig

1956-1958

Zwei waschechte 56er mit ihren stolzen Vätern.

## Schön, dass wir da sind!

Es wurde wirklich Zeit, dass wir alle kamen. Wir wurden gebraucht, verließen doch 1956 279189 Menschen die DDR in Richtung Westen.

Aber das war uns eigentlich egal und unseren Eltern auch, denn die hatten neun Monate sehnsüchtig auf uns gewartet und uns dann zärtlich in die Arme geschlossen. Die brauchten uns auch eigentlich nicht, die liebten uns. Und sie

# Chronik

**2. Januar – 5. Februar 1956**
Erstmals nehmen Sportler der DDR in einer gesamtdeutschen Mannschaft an Olympischen Spielen teil. In Cortina d'Ampezzo holt Harry Glaß (Spezialsprunglauf) die Bronzemedaille.

**1. März 1956**
Offizieller Gründungstag der NVA.

**23. Oktober – 11. November 1956**
Der Volksaufstand in Ungarn wird niedergeschlagen.

**22. November – 8. Dezember 1956**
Während der Olympischen Sommerspiele in Melbourne holt Wolfgang Behrendt (Boxen) die erste Goldmedaille für die DDR.

**3. Januar 1957**
Als „Deutscher Fernsehfunk" startet offiziell das Fernsehprogramm der DDR.

**13. Oktober 1957**
In einer Blitzaktion werden die seit 1948 gültigen Geldscheine in neue Banknoten umgetauscht.

**11. Dezember 1957**
In dem geänderten Passgesetz gilt jetzt die unerlaubte Ausreise aus der DDR als „Republikflucht" und wird mit Gefängnis bestraft.

**1. Januar 1958**
Das staatliche Kindergeld und die finanzielle Geburtenbeihilfe werden eingeführt.

**2. Januar 1958**
Das Ministerium für Kultur legt fest, dass 60 % der öffentlich gespielten Musik aus sozialistischen Ländern stammen muss.

**7. Juli 1958**
Für Molkereiprodukte, Schweinefleisch und tierische Fette werden erstmals seit der Abschaffung der Lebensmittelkarten am 28. Mai 1958 die Preise gesenkt.

**30. August 1958**
Gustav Adolf „Täve" Schur erkämpft in Frankreich den ersten Straßenradsportweltmeistertitel für die DDR.

feierten uns. Na, jedenfalls die Väter gaben so manchen „Kurzen" auf ihren strammen Stammhalter oder auf ihre bildschöne Prinzessin aus. Und verschliefen dann schon mal den einen oder anderen Besuchstermin bei der frischgebackenen Mama, der es oft nicht ganz so gut wie dem Herrn Papa ging, zumindest was das Feiern betraf.

Sie kannte keinen Kaiserschnitt auf Wunsch, keinen Wehentropf und keine Teilnarkose – unsere Mütter mussten sich noch richtig quälen, um uns auf die Welt zu bringen. Dafür waren sie dann auch besonders stolz auf uns, auf unsere kleinen Näschen und Öhrchen und Händchen – selbst wenn wir noch so zerknautscht und schrumplig aussahen.

## Große Umstellungen

Wir hatten uns wirklich ein gutes Jahr ausgesucht. Am 4. Juni wurden die Preise für Industriewaren erheblich gesenkt, sodass allein in den verbleibenden acht Monaten die Kaufkraft um rund eine Milliarde Mark anstieg – es sah gut aus für uns. Am 16. November trat dann noch das Gesetz zur Erhöhung der Renten in Kraft. 3,5 Millionen Omas und Opas erhielten im Durchschnitt ein Drittel mehr Rente – es sah noch besser aus für uns. Aber das war

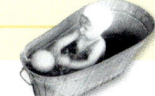

Mit dem „Sauberwerden",
das ging doch ganz prima.

uns eigentlich auch egal, denn wir mussten uns erst mal in unserem neuen Lebensabschnitt außerhalb des schützenden Bauches zurechtfinden.

Essen gab es nun pünktlich alle vier Stunden – das war in den ersten neun Monaten irgendwie anders gewesen. Die Windeln erzeugten oft ein unangenehmes Gefühl in der unteren Region – das war früher auch etwas anders gewesen. Aber insgesamt hatte sich unsere Situation schon ganz schön verbessert: Es war hell, wir wurden gestreichelt, wir hörten seltsame Geräusche und jeder Tag war spannend. Eines hat jeder von uns geschafft – wir haben unsere Umwelt verändert! Zwar im Kleinen nur, doch dort ganz schön heftig.

Wir hielten die Familie am Laufen, sei es, weil wir Hunger hatten oder ein Bäuerchen uns drückte, weil wir müde waren oder nicht schlafen wollten, weil es uns zu laut war oder zu leise oder einfach nur, weil uns langweilig war. Ist ja auch ganz schön doof, einfach nur so herumzuliegen. Aber Mama war da eisern. Uns einfach vor den Bauch zu binden oder auf die Hüfte zu setzen – undenkbar, wir sind doch nicht in Afrika … Auch uns stundenlang spazieren zu fahren, Freundinnen besuchen oder Krabbelgruppen – ausgeschlossen, wer erledigt denn dann in der Zeit die Hausarbeit?

Na ja, wollen wir mal nicht zu
streng sein mit unseren Müttern, denn ohne Waschma-
schine und Wäschetrockner,
ohne Gefrierschrank und
Mikrowelle, ohne Babyfertig-
nahrung und Geschirrspüler
war die Hausarbeit eben doch
sehr zeitintensiv.

## Wohlduftend?

Und der Herr des Hauses verlangte ja auch noch sein Recht. Sprich, das
Essen sollte schon fertig auf dem Tisch stehen, wenn er von der Arbeit kam.
Das Optimum in dieser Situation sah dann so aus: ein gut duftendes Mahl,
eine gut duftende Ehefrau und vor allem ein gut duftender Familienzuwachs.
Nichts war für unsere Väter schlimmer, als mit uns knuddeln zu wollen, dann
aber den Geruch eines Herzchen-Häuschens in der Nase zu spüren. Da gab
es nur eines – spontane Übergabe des geliebten Schatzes an seine Mutter.
Nein, also diese klebrige stinkende Masse von unserem Po – auch wenn er im
sauberen Zustand noch so süß war – zu entfernen, das war nun wirklich nicht
Männersache.

Also ging unsere Mutti wieder ans Werk, säuberte, cremte und puderte uns,
schlang geschickt eine Baumwollwindel und dann noch ein dickes Moltontuch,
ebenfalls aus Baumwolle, um uns herum und steckte uns wieder in die Gummi-
höschen mit den furchtbar pieksenden Beinabschlüssen.

## Der Nucki hilft

Frisch und sauber wurden wir natürlich auch jedem Besuch kredenzt. Und der war nicht knapp. Opa, Oma, meist in doppelter Ausführung, Tanten, Onkel, Freunde, Nachbarn, ach, die halbe Welt wollte uns sehen und unseren Eltern schon mal mitteilen: „Nein, das ist ja ganz der Papa." – „Unglaublich, die Ohren genau wie Onkel Rudolph!" Hatten wir dann allerdings die Faxen satt von dem ganzen Herumgezeige und wollten nicht mehr mit großen Stauneaugen, rosigen Wangen und süßem Schmollmund von Arm zu Arm gereicht werden – gaben wir endlich unserem Herzen einen Stoß und unserem Kummer eine Stimme, dann hieß es: „Den Charakter aber hat es wohl von Oma Grete …"

Aber auch da gab es genug Mittel, um uns zu manipulieren, um den Frieden in der kleinsten Zelle der Gesellschaft wiederherzustellen: den Nuckel, Nutschi, Schnuller, Nucki oder wie auch immer der Seelentröster zu Hause genannt wurde. Sicher kein Ersatz für Mamas Brust, aber immerhin ein beruhigendes und Spaß bringendes Teil. Dass so ein paar Gramm Gummi und Plaste so viel Schwung in die Familie bringen konnten, war schon erstaunlich; sich nach ihnen bücken, sie abwaschen gehen, zum Kinderbett laufen und sie wieder in unsere schreienden Münder schieben – wer brauchte da ein Fitness-Center?

Der Seelentröster
war immer dabei.

Einen Versuch war es aber wert ...

## Sicherheitsverwahrung

Aber es wurde ja besser mit uns. Wurde es besser mit uns? Kann man das wirklich über so kleine krabbelnde Kobolde sagen, denen nichts, aber auch wirklich nichts heilig war? Weder das gute Geschirr von Oma, obwohl wir ja nur eine Ecke der Tischdecke wollten, noch die Kristallvase von Tante Erika, obwohl wir ja nur den Schrank aufmachen wollten, noch der Inhalt des Mülleimers, obwohl wir uns nur mal kurz anlehnen wollten. Und deshalb kam es hammerhart für uns: Gefängnis! Nicht etwa auf Bewährung, nein, so richtig absitzen mussten wir unsere Zeit. Ein Stab, kein Stab – es war so erniedrigend und gleichzeitig so aussichtslos diesem Holzkäfig, auch menschenverachtend „Stall" genannt, zu entkommen.

Was haben wir nicht alle gemeinsam – und ich würde sagen, der 56er Jahrgang war da bestimmt besonders pfiffig!!! – für Tricks draufgehabt, um dieser Einzelhaft zu entfliehen: Brüllen, Hinausklettern (zumindest der Versuch war es wert), Spielzeug hinauswerfen und, und, und. Selten fruchteten unsere Versuche, denn einmal verbrannte Hände am Ofen reichten, ebenso wie die Beule von der Tischecke – wir waren in „Sicherheitsverwahrung".

Was den Großen schmeckt, das schmeckt mir schon lange – auch in der Gaststätte.

## Hmmm, lecker!

Mutti musste den Haushalt schmeißen, unsere Wäsche waschen, unser Essen kochen, und alles mit der Hand. Möhrenbrei, Kartoffeln mit Gemüse der Saison, Grießbrei mit Himbeersaft, Puddingsuppe. Sicher hätte sie sich so manches Mal ein Gläschen Fertignahrung gewünscht (und wir uns vielleicht auch), aber was nicht ist, ist nicht. Also gab es bald „großes Essen" für uns. Kartoffeln in Soße zerquetscht, ein bisschen Rotkraut untergemischt, fertig. Oder Leberwurst- und Teewurstschnittchen, lecker. Das war was für uns.

Chruschtschow prägte zwar im August 1957 den Begriff von der „Wurst am Stängel" und beschleunigte damit den Maisanbau in der DDR, aber die richtige Wurst ohne Stängel war uns allemal lieber. Und die gab es auch in guter Qualität und ausreichender Menge bei noch vielen privaten Fleischern zu kaufen.

Ebenso verhielt es sich mit Brot und Brötchen und allen anderen Grundnahrungsmitteln, besonders nach der Abschaffung der Lebensmittelkarten am 28. Mai 1958. Jetzt waren die Preise alle gleich und nicht mehr so drastisch überzogen wie bei der HO.

Sommerspaß im Garten.

## Besondere Köstlichkeiten

Obst und Gemüse gab es je nach Saison in den Geschäften oder wurde mit viel Liebe im eigenen Garten angebaut und geerntet. An Mangelerscheinungen litten wir wirklich nicht, denn Äpfel und Birnen, Kohl und Möhren hatte jeder. Manchmal gab es auch so was langes Gelbes, leicht gebogen, oder etwas rundes Orangefarbenes, süß und saftig. Das war dann ein eindeutiger Hinweis darauf, dass irgendeiner aus der Verwandtschaft oder Bekanntschaft das Schild: „Achtung! Hier beginnt der amerikanische Sektor!" oder so ähnlich hinter sich gelassen, Ostmark gegen Westmark getauscht und ein paar dieser Köstlichkeiten unserem Magen zugedacht hatte.

Rodeln machte uns riesig Spaß, besonders mit unseren Freunden.

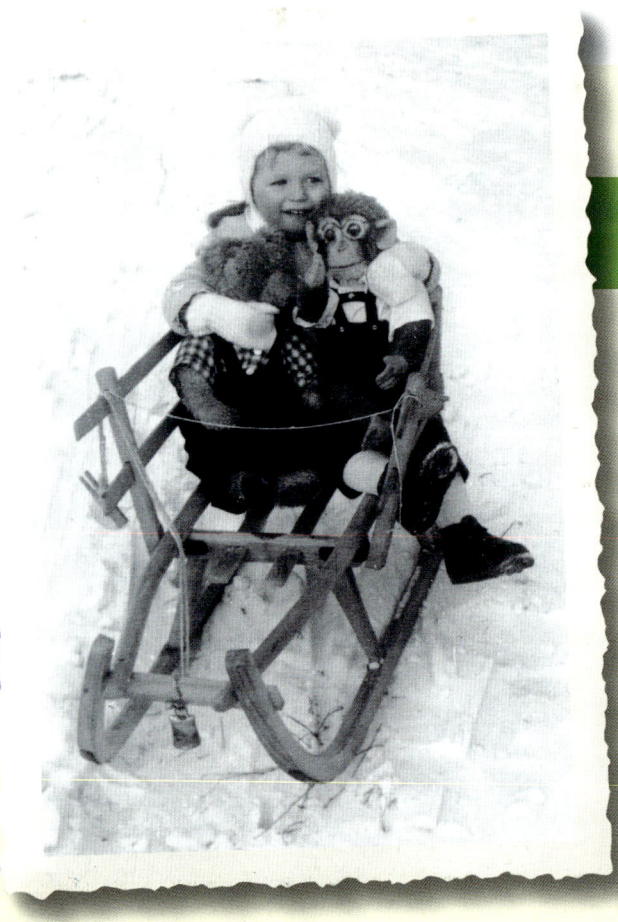

## Teddys und Geschichten

Unsere Teddys, unsere Puppen, unsere Holzbausteine, unsere Bilderbücher waren aber trotzdem nun mal das Größte. Und natürlich die Geschichten, erzählt, wo immer es Gelegenheit dazu gab und wer immer dazu greifbar war.

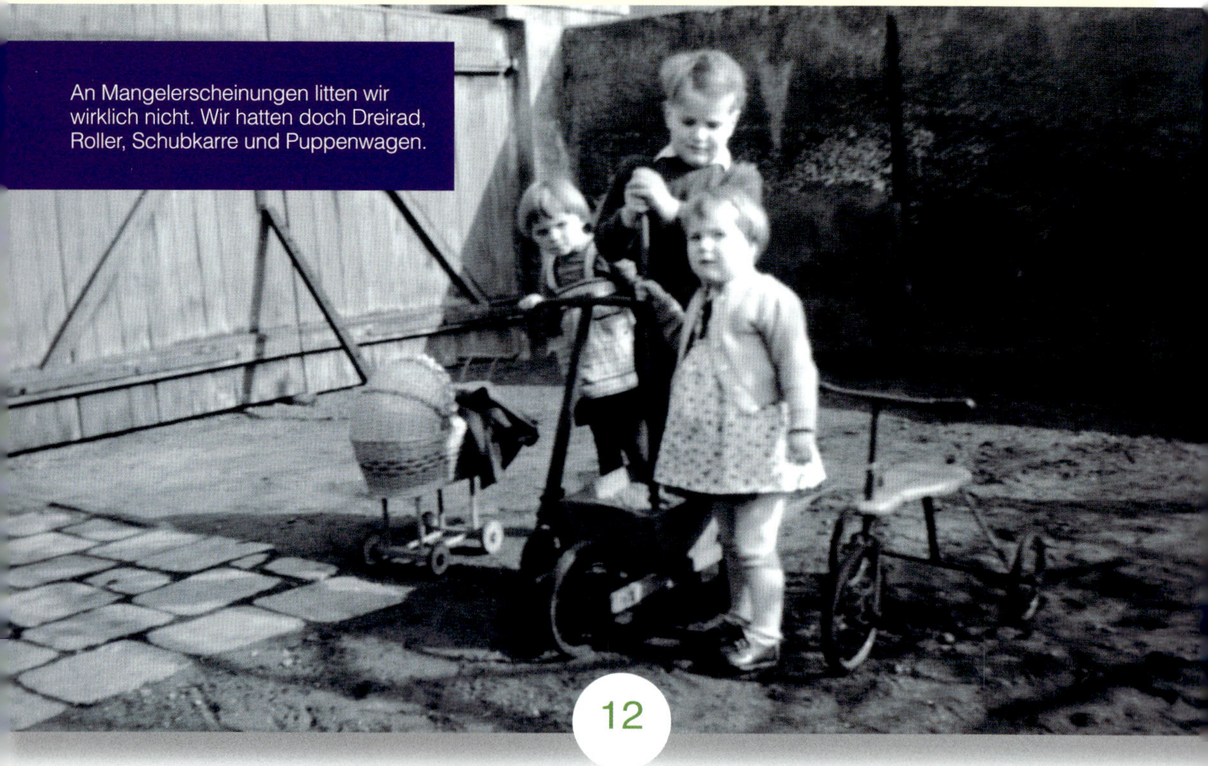

An Mangelerscheinungen litten wir wirklich nicht. Wir hatten doch Dreirad, Roller, Schubkarre und Puppenwagen.

Die Großeltern erzählten aus ihrer Jugend, wir verstanden zwar nicht alles, aber es war spannend. Die Eltern erzählten Märchen, huch, das war ja manchmal vielleicht gruselig, aber meistens doch wunderschön. Die älteren Geschwister erzählten uns alles Mögliche, belogen uns manchmal, belehrten uns noch öfter, aber es war auch immer von höchstem Interesse.

Wir lernten ständig dazu. Mein Gott, wie aufregend war dieses Leben. Auf einmal konnten wir uns wie die Großen fortbewegen, auf einmal konnten wir wie die Großen Worte sagen.

Ist das Leben nicht wunderbar?!

## Das Leben war schön

Und wir konnten wie die Großen in den Urlaub fahren. Wohnte die Oma auf dem Land und wir in der Stadt, ging es natürlich dorthin. War es umgedreht, war es auch gut. Hauptsache raus aus dem häuslichen Einerlei und mal was anderes erleben – auch wenn es nur 30 Kilometer weiter weg war. Die wenigsten von uns hatten sicher das Glück, Urlaub an der Ostsee zu machen – der Traum für alle DDR-Bürger schlechthin. Aber wenn es dann doch mal klappte, was war das für eine Freude.

Gewohnt wurde natürlich in einfachen Baracken oder ausgebauten Ställen, aber das war egal. Es gab Wasser, Sonne, Sand, wir bauten Burgen mit dem Papa, gingen an sicherer Hand in das herrlich kühle Nass und fielen abends halbtot in die Kissen. Ach, war das Leben schön, egal ob an der Ostsee oder in Thüringen, in der Stadt oder auf dem Dorf.

Urlaub an der Ostsee, einfach, aber herrlich.

## Sommer auf dem Dorf

Auf dem Dorf hatten wir Kinder eigentlich immer Urlaub, die Eltern dafür nie. Ein paar freie Stunden knapsten sie sich manchmal ab, um mit uns im Teich, im See oder im Fluss baden zu gehen. Für sie eine Wohltat nach der schweren und staubigen Arbeit auf dem Feld. Für uns die helle Freude bei den wenigen gemeinsamen Stunden im Sommer. Aber auch wir kleinen Knirpse mussten schon Miniaufgaben erfüllen, das machte uns Spaß und stolz. So fütterten wir, natürlich unter Aufsicht, die Hühner oder verteilten Heu.

Wir hingen immer an jemandes Rockzipfel und wollten uns nützlich machen, eine Eigenschaft, die mit den Jahren jedoch mehr und mehr verloren ging.

Mit unseren größeren
Geschwistern zogen wir
über die Wiesen und sie
zeigten uns, wie man
am Bach Dämme baut
und Frösche fängt, wie
man aus Blumen und
Gräsern Haarkränze
flechtet und wie man
Äpfel, Birnen und
Kirschen klaut. Es war
einfach eine tolle Zeit.

*Wer wurde neben der BRAVO 1956 noch geboren?*

| | | | |
|---|---|---|---|
| 5. Jan. | **Frank Walter Steinmeier** *Politiker* | 26. Juni | **Romy Kermer** *Eiskunstläuferin* |
| 7. Jan. | **Uwe Ochsenknecht** *Schauspieler* | 30. Juni | **Volker Beck** *Leichtathlet* |
| 12. Jan. | **Ute Freudenberg** *Sängerin* | 19. Juli | **Juliane Werding** *Sängerin* |
| 23. Feb. | **Reinhold Beckmann** *Moderator* | 1. Aug. | **Axel Milberg** *Schauspieler* |
| 28. März | **Evelin Jahl** *Leichtathletin* | 26. Aug. | **BRAVO** *beliebteste Jugendzeitung* |
| 12. April | **Herbert Grönemeyer** *Musiker* | 24. Sept. | **Ilona Slupianek** *Leichtathletin* |
| 4. Mai | **Ulrike Meyfarth** *Hochspringerin* | 23. Okt. | **Katrin Saß** *Schauspielerin* |
| 19. Mai | **Hellmut Krug** *Schiedsrichter* | 1. Nov. | **Gaby Albrecht** *Sängerin* |
| 25. Juni | **Frank Paschek** *Leichtathlet* | 29 Dez. | **Christine Errath** *Eiskunstläuferin* |

# Kleine Helden

## Mit einer Tasche um den Hals

Bis zum dritten Geburtstag war ja vieles nur Spaß. Wir tobten in Wohnung und Garten rum, verbrachten die meiste Zeit mit Mutti und den Geschwistern, wenn Vati Zeit hatte natürlich auch mit ihm. Dann gab es noch ein paar Freunde auf dem Hof, in der Straße oder in der Verwandtschaft zum Spielen. Aber alles war überschaubar und geordnet. Jedenfalls bei den meisten von uns. Manche Mütter mussten uns aber doch schon sehr zeitig in andere liebevolle Hände geben, denn arbeiten zu gehen war für sie ja ganz normal. Ab dem dritten Geburtstag aber traf es nun viele von uns. Das Leben änderte sich schlagartig. Es fing damit an, dass wir schon viel früher aufstehen mussten als sonst. Was war denn das? Und warum so eine Hektik zum zeitigen Morgen? Ging's vielleicht wieder in den Urlaub? Nein, sah eigentlich nicht so aus.

# Chronik

**24. April 1959**
„Greif zur Feder, Kumpel!", so lautet die
Losung der 1. Bitterfelder Konferenz, die im
Elektrochemischen Kombinat stattfindet
und die Verbundenheit zwischen Arbeitern
und Künstlern manifestieren soll.

**1. Oktober 1959**
Nach dem Vorbild der UdSSR wird der
erste Sieben-Jahres-Plan der DDR
verabschiedet.

**7. Oktober 1959**
Zum 10. Jahrestag der DDR wird die neue
Fahne vorgestellt: Schwarz-rot-gold mit
Hammer, Zirkel und Ährenkranz.

**18. – 28. Februar 1960**
Das erste „Wintergold" bei Olympischen
Spielen holen Helga Haase (Eisschnelllauf)
und Helmuth Recknagel (Spezialsprunglauf) in Squaw Valley.

**15. April 1960**
Im Bezirk Karl-Marx-Stadt wird die gesamte
Kollektivierung der Landwirtschaft der DDR
abgeschlossen.

**25. August – 11. September 1960**
Die Dresdnerin Ingrid Krämer gewinnt
überraschend während der Olympischen
Sommerspiele in Rom das Kunst- und
Turmspringen und hört als Nationalhymne
(für beide deutsche Staaten) Auszüge aus
Beethovens „Neunter".

**7. September 1960**
Wilhelm Pieck stirbt und Walter Ulbricht
kommt an die Macht.

**12. April 1961**
Juri Gagarin kreist als erster Mensch 108
Minuten durch den Weltraum.

**29. Juli 1961**
Der Haushaltstag wird für berufstätige
Frauen eingeführt.

**13. August 1961**
Der Bau der Berliner Mauer beginnt,
nachdem bis Juli wieder 30 415 Menschen
geflüchtet sind.

**13./14. November 1961**
Alle Stalin-Denkmäler werden entfernt und
alle Stalin-Straßen umbenannt. Stalinstadt
heißt jetzt Eisenhüttenstadt.

Der Kindergarten machte schon viel
Spaß, besonders beim Puppentheater.

Das Gepäck war extrem kleiner, es
bestand faktisch nur aus einer Tasche
aus Leder oder Lederol (ein nicht so
ganz stabiler Ersatz für den teueren
Rohstoff Leder), die uns um den Hals
gehangen wurde. Ein kleines Dreieck
aus Metall musste durch den Deckel
geschoben, nach rechts oder links
gedreht werden, und schon ging die
Brottasche auf oder zu. Drinnen waren
meistens eine Schnitte und ein paar
Apfelschnitzen oder eine Möhre.
Fruchtzwerge und Kinderüberraschun-
gen hatten wir nicht, denn Zwerge
waren wir selbst und Überraschungen
brachte jeder neue Tag.

17

4. bis 6. Lebensjahr

## Tante Renate

Und dann ging es ab in eine uns unbekannte Welt. Gehört hatten wir ja schon einiges darüber. Diverse Familienmitglieder berichteten von begeistert über gedämpft freudig bis hin zu zögerlich über ihre eigenen Erfahrungen in diesem – wie hieß er doch gleich? – ach ja: in diesem Kindergarten. Nun gut, ändern konnten wir's ja sowieso nicht mehr, also los, auf in eine neue, in unsere neue Welt. Eine Mischung aus Stolz und Angst war in uns, aber an der Hand von Mutti konnte ja sowieso nichts passieren. Und dann waren wir da und sahen, ja es stimmte, es war ein Kindergarten. Es waren jede Menge Kinder da und auch ein Garten. Neugierig wurden wir beäugt oder mal was gefragt – wir waren eben die Neuen. Und nun kam es auf den jeweiligen Typ von uns 56ern an.

Entweder fanden wir die Situation ganz toll oder wir verkrochen uns heulend in Muttis Rockzipfel. Jetzt musste der Joker her, sprich eine fremde Frau, die wir Tante Renate, Sigrid oder Anneliese nennen sollten. Wenn da der Funke sofort übersprang, dann wurden wir zu kleinen, wenn auch noch verschüchterten Helden. Wir ließen Muttis Hand los und begannen unser eigenes Leben.

Aber wie war das mit denen von uns, die nicht in den Kindergarten gingen – und das waren nicht wenige – begannen die kein eigenes Leben? Aber ja doch, wir waren jetzt alle schon groß. Wir liebten es, zu Hause immer unentbehrlicher zu werden. Hier ein bisschen abtrocknen, da ein bisschen Tisch decken, vielleicht sogar beim Kochen helfen – wenn die Anforderungen überschaubar blieben, machten sie riesigen Spaß.

## Frische Milch aus der Kanne

Und dann kam der Höhepunkt fast jeden Tages: Einkaufen gehen. Man durfte etwas Nettes anziehen, denn man sollte auch einen guten Eindruck machen. Ein eigenes kleines Körbchen in die Hand und los ging das Abenteuer. Zuerst zu Gemüse-Hoffmann, der mit dem herrlich großen Senftopf, aus dem die gelbe Köstlichkeit mit einem goldenen Hahn portionsweise abgefüllt wurde. Dann noch ein Pfund Sauerkraut aus dem Fass, ein Kilo Möhren und drei Kohlrabi.

Viel Mühe gaben sich unsere Mütter,
wenn Fasching angesagt war.

Einer davon musste aber mindestens in unserem Körbchen landen. Und dazu noch ein bis zwei Bonbons. Das sah Mutti zwar nicht gern, aber bei dem alten Herrn Hoffmann ging man nie „ohne" raus.

Dann weiter zu Milch-Lange. Dort bekam man zwar nichts geschenkt, doch es war trotzdem hochinteressant, denn hier gab es die großen silberfarbenen Milchkannen, an denen kleine Schöpfbecher hingen für einen viertel, einen halben oder einen Liter Milch. Mutti hatte die Aluminium-Milchkanne dabei, die mit dem Deckel, damit nichts herausschwappen konnte, und wollte heute einen dreiviertel Liter frische Vollmilch kaufen. Für uns hieß das, wenn wir genau hinguckten, und das taten wir immer, gleich ein bisschen Rechenunterricht. Denn die dicke freundliche Verkäuferin mit der weißen Plastikschürze und dem weißen Häubchen füllte einmal den ganz kleinen und einmal den mittleren Becher – aha, so viel ist also ein dreiviertel Liter Milch.

Auf dem Rückweg noch schnell beim Bäcker vorbei und ein Dreipfundbrot gekauft – das war immer Mischbrot und kostete immer 78 Pfennig. Na gut, heute mal noch vier „Amerikaner" dazu, Stück für'n Groschen.

## Königsberger Klopse, Milchreis und Kompott

Jetzt hatte es Mutti eilig, das Mittagessen musste gekocht werden. Manchmal kamen dann unsere größeren Geschwister aus der Schule nach Hause oder auch der Vati, wenn er z. B. einen Laden oder einen Handwerksbetrieb besaß. Meist wurde in der Küche gegessen, in der Stube deckte man nur sonntags ein oder zum Abendbrot. Das war schön, denn man hatte Zeit, alles Spannende vom Tag den anderen mitzuteilen und von ihnen etwas Spannendes zu erfahren.

Das Essen war meist einfach, aber dank Muttis Einfallsreichtum lecker. Fleisch gab es selten in der Woche, vielleicht mal Königsberger Klopse oder Beefsteak (wie man vornehm zu Bouletten sagte), oft Eintopf, Nudeln mit Tomatensoße, Eierkuchen, Milchreis oder auch Fisch. Wir 56er haben ja noch das Auf und Ab dieser leckeren Meeresbewohner auf unserem Speiseplan mitgemacht: Erst gab es viel Fisch für relativ wenig Geld, dann gab es kaum noch Fisch und jetzt gibt es wieder viel Fisch, allerdings für relativ viel Geld. Nicht zu vergessen das Kompott – das gab es häufig, zumindest bei denen, deren Eltern einen Garten bzw. Beziehungen zu jemandem mit einem Garten hatten. Eingekochte Äpfel, Birnen, Pflaumen, Kirschen, Stachelbeeren, das war das Obst für die Woche, Pfirsiche und Aprikosen, das war das Obst für die Feiertage. Wie angenehm das Geräusch des Einweckrings klang – zisch – und die Zutaten für Bowle und Torte lachten einen honiggelb an.

So viel Zeit muss sein, um mal beim Nachbarn über die Mauer zu gucken.

### „Nimmerklug im Knirpsenland"

*Wer kennt noch Schussel, Saftschleck, Nudeldick, Schraubschnell, Nimmerklug und Immerklug, Schnurz und Pipe und den Hund Bimmel? Alles kleine Knirpse aus dem 1954 erschienenen Kinderbuch des sowjetischen Autors Nikolai Nossow, die in Sonnenstadt lebten und allerhand Abenteuer zu bestehen hatten. Das Schönste daran war, dass man dank des Verlages Rudolf Forkel aus Pößneck diese ganzen Erlebnisse und noch viele mehr nachspielen konnte.*

*Vier 20-seitige Bastelbogenhefte mit jeweils einem halben Meter Grundfläche zu einer Mark boten alles, was das Herz begehrte: Neubaublöcke, einen Zoo, eine Seilbahn, Fabriken, eine Sternwarte, Bäume, Autos mit Druckknöpfen als Räder, bewegliche Polizisten, eine Windmühle und natürlich jede Menge Zwerge. Alles wurde mit Kittifix fein*

*säuberlich geklebt (vor allem die Hände!), und schon waren wir mittendrin im Knirpsenland. Übrigens wurden ja auch im Kinderradio des Berliner Rundfunks die Geschichten von Nimmerklug und seinen Freunden erzählt.*

## Der Peter ist doof!

Der Nachmittag, nach dem Mittagsschlaf natürlich, gehörte meist dem Spielen. Die Kindergartenkinder, die „Mittagskind" waren, trafen sich mit uns im Hof oder im Garten oder in der Wohnung. Und dann wurde „gepuppt", der Teddy verarztet, der Brummkreisel in Bewegung versetzt, Ball gespielt und Hasche oder mit den Glasmurmeln, das Sprungseil zu allerhand akrobatischen Übungen verwandt, im Sandkasten gebuddelt und mit einer kleinen Peitsche die Holzkreisel über die Pflastersteine getrieben. Und wir beherrschten die Kunst der Improvisation. Blätter, Zweige, Steine, Bindfaden – wir konnten alles brauchen. Dazu ein paar Indianer- oder Cowboyfiguren, ein paar Autos und tierische Bewohner eines Bauernhofes aus Plaste oder Holz, und die Stunden vergingen wie im Fluge für uns. Und wie schön wir dabei streiten konnten.

„Der Peter ist doof!" und „Die Sybille gibt aber an!" und „Frank hat mir ein Auto geklaut" – solche und ähnliche Sätze hatten wir doch nur allzu oft im Mund, aber Peter und Sybille und Frank spielten dann immer wieder mit – wir vertrugen uns einfach, ohne dass unsere Eltern sich einmischten.

## Es ist kalt

Aber auch der Herbst und der Winter waren nicht langweilig für uns. Selbst gesuchte Eicheln und Kastanien wurden zu lustigen Dingen gebastelt, erst mit Vatis Hilfe, später versuchten wir es selbst. Oder, liebe 56er Kolleginnen, hattet ihr auch so einen kleinen Webrahmen mit Schiffchen, das den Faden immer hin und her führen sollte? Oder eine Strickliesel? Na, so richtig war das nicht meins. Ich spielte lieber mit dem Kaufmannsladen, der Tankstelle oder der Eisenbahn. Aber geliebt haben wir doch alle die kleinen Anziehpuppen, die man nebst schmucker Kleidung aus einem Bastelbogen ausschneiden konnte.

Jeden Tag von 8.40 bis 9.00 Uhr kam bei Radio DDR „Das Butzemannhaus".

22

An Mänteln, Röcken, Blusen und Hüten waren kleine Laschen, die man um die Puppen biegen musste, damit die Sachen auch hielten. Noch besser waren natürlich die Bastelbögen von „Nimmerklug im Knirpsenland".

Auch Perlen zu Ketten, Armbändern und Untersetzern aufzufädeln, wurden wir nicht müde. Immer und immer wieder schufen wir neue Muster und hatten so manches Geschenk für Mutti, Oma, Tante, Schwester … selbst erarbeitet. Beliebt war auch bei uns mit Buntpapier zu basteln. Da gab es die Hefte mit den glatten Bögen in den Grundfarben oder mit Bögen, die schon mit Mustern vorgestanzt waren. Toll war natürlich, wenn wir Buntpapier aus dem Westen bekamen, dann hatten wir auch gold- und silberfarbenes und welches in lila, rosa, hellblau.

## Und für Vati drei f6

Nun wurden wir größer und größer, und da hieß es dann auch mehr Verantwortung zu übernehmen. So schickte uns Mutti allein mit der Alu-Milchkanne los. „Aber nicht stolpern, und dann noch an der Ecke ein Stück Butter und einmal Sahne holen. Pass aufs Geld auf!" Mit der Milch und der Butter, das war halt so ein Ding. Obwohl die Lebensmittelkarten abgeschafft waren, musste man sich für Butter und Sahne in einem bestimmten Geschäft einschreiben lassen. Dort bekam man dann sein wöchentliches Kontingent, was fein säuberlich auf einer grauen Karteikarte mit vielen Namen und Strichen darauf abgehakt wurde. Hatte man sich nicht im Milchladen eintragen lassen, sondern beim Lebensmittelhändler um die Ecke, musste man eben in zwei Geschäfte gehen. Das war auch nicht weiter schlimm, denn ein Netz von Tante-Emma-Läden aus allen Lebensmittelbranchen durchzog das Land.

Das nächste Mal hieß es dann: „Hol mal ein Paket Makkaroni, eine Flasche Ketchup und 200 Gramm Jagdwurst." Oder „Geh mal um die Ecke und kaufe

für Vati drei f6." (Ja, Zigaretten gab es damals noch einzeln im Tabakge-schäft und wurden auch an uns Kinder verkauft.) Das haben wir sicher alle gerne gemacht, aber musste es denn ausgerechnet beim Spielen sein? Konnte man das nicht planen?

## Waschen war harte Arbeit

Da gab es einen großen „Waschhauskalender", der im Treppenhaus hing und in den sich die Mieter fein ordentlich alle 4–6 Wochen eintrugen. Wenn wir dran waren, dann hieß es für uns Kinder feste mit anpacken. Meistens wurde montags gewaschen. Dann konnte der Vater die schweren Holzböcke und

Holzwannen noch ins Waschhaus trans-portieren und für den großen Tag vorberei-ten. Entweder wurden die Wannen erst gewässert, damit sie am nächsten Tag schön dicht hielten oder es wurde bereits die erste Wäsche eingeweicht. Das Waschen an sich war Frauensache und wir konnten eigentlich nur Hilfsarbeiten leisten: mal vorsichtig einen Bottich umrühren, mal beim Auswringen halten oder die fertige Wäsche mit hinaustragen. Ich glaube, jeder von uns fand es in diesen oft sehr alten und modrig riechenden vier Wänden irgendwie gruselig und war froh, wenn er da wieder raus war.

Geholfen haben wir gern, auch wenn Kohlen abgeladen werden mussten.

Wie schwer die Arbeit für unsere Mütter war, konnten wir ja noch gar nicht richtig verstehen. Allein der Transport der Wäsche mit dem Holzstab von Bottich zu Bottich, dann das Durchrumpeln aller Kleidungsstücke, Bettbezüge, Tischdecken auf dem Waschbrett … und dann noch das häufige Spülen. Ich bekomme schon beim Schreiben dieser Sätze einen Bandscheibenvorfall!

## Wäscheplatz und Trockenboden

Damit war es ja aber noch nicht getan. Wenn schönes Wetter war, ging es mit dem ganzen Segen auf den Wäscheplatz. Glück für uns, wenn er direkt am Haus oder im Garten war. Pech für uns, wenn wir erst mit dem Handwagen auf einen weiter entfernten Trockenplatz fahren mussten, denn dann hieß es für uns: Hütehund spielen, also den lieben langen Tag irgendwo rumsitzen und darauf warten, dass die Wäsche trocknet. Oft ging Mutti noch einmal weg, sie musste ja weiterwaschen, na dann war es meist besonders öde für uns. Obwohl, zu helfen haben wir uns immer gewusst und mit Wäscheklammern konnte man schließlich auch ganz toll spielen.

Im Winter kam es dann allerdings noch härter, da mussten die ganzen nassen und schweren Sachen auf den Trockenboden transportiert werden. Wisst ihr noch: Wäsche bis zur vierten Etage tragen, Leiter von der Wand nehmen, an die Bodenluke stellen, Wäschekorb dadurch bekommen, ohne dass irgendetwas wieder dreckig wird – und wir immer mit dabei. Es war nie langweilig.

## Die Rolle

Damit war das „Drama Wäsche" aber längst noch nicht abgeschlossen. Nun wurde zur „Rolle" gegangen – ein Furcht einflößendes riesiges Ding, das meist in irgendeinem Hinterhaus beheimatet war. Derbe Rolltücher aus festem Linnen mit roten Streifen an den Seiten wurden oben auf den Wäschekorb gepackt,

4. bis 6. Lebensjahr

der bereits im Handwagen wartete. Und dann ging sie los, die Fahrt zu diesem knackenden, krachenden, ächzenden Ungeheuer.

Was hatten wir für eine Angst, wenn Mutti mit geübtem Griff die runden schweren Hölzer unter dem riesigen Schubwagen hervorholte. Dann wurde die Wäsche fein ordentlich auf die Rolltücher gelegt, mit Wasser besprengelt und beides straff um die schon ganz glatt polierten Hölzer gespannt. Danach schob Mutti todesmutig die Rolle unter den hin und her fahrenden schweren Kasten, zog die seitlichen Schutzgitter hoch und bestückte das nächste Rolltuch. Dass wir hier ja nichts anfassen sollten, musste man uns nicht zweimal sagen, dafür war das alles viel zu aufregend. Freude pur, wenn endlich auch die letzte Serviette glatt war.

## Die Einkellerungskartoffeln sind da

Aber das nächste Abenteuer stand schon an. Der Gemüsemann hatte Einkellerungskartoffeln bekommen. Eine Sorte, die jeder mochte, und schön trocken waren sie auch noch, ebenso wie das Wetter. Das hieß nun im Klartext: Alle Mietparteien im Haus waren zu aktivieren, damit sie sich mit dem Handwagen in Bewegung setzten. In der Zwischenzeit bauten die übrigen Erwachsenen, natürlich unterstützt von uns, aus Brettern improvisierte Boxen auf dem Hof, damit dann jede Familie ihre Kartoffeln hineinschütten und auslesen konnte. Die schlechten wanderten in die Aschekübel (Biotonnen waren noch nicht angesagt) und die übrigen wurden gleich ein bisschen sortiert – die kleinen zusammen für Kartoffelsalat, die großen zusammen für Klöße,

Nach so viel Arbeit hatten wir uns einen Tag im Grünen verdient.

die schon ein bisschen angegangen waren, kamen gleich in die Wohnung zum sofortigen Verzehr. Natürlich hatte schon jeder einen ausreichenden Vorrat an „Keimstopp" gehortet, denn wenn die Einkellerungszeit erst mal da war, gab es dieses weiße Pulver nämlich in keiner Drogerie mehr zu kaufen.

Wir mischten bei dieser Aktion natürlich fleißig mit. Mit einem kleinen Eimer bewaffnet wuselten wir zwischen Keller, Hof und Wohnung hin und her. Die Stimmung war ausgelassen, die Männer tranken ein paar Bier, die Frauen kochten zwischendurch eine gute Tasse Bohnenkaffee und wir Kinder bekamen eine Brause. War die Arbeit getan, die letzten Kartoffeln für den Winter im Keller, hatte man noch Zeit und Lust, wurde gleich ein improvisiertes kleines Hausfest hintendran gehangen. Jeder holte seine Vorräte an Essen und Trinken auf den Hof, und wir durften länger als sonst aufbleiben, bis dann auch für uns ein unheimlich spannender und lustiger Tag zu Ende ging.

Und irgendwann in dieser Zeit kam sie unaufhaltsam auf uns zu, die Einschulungsuntersuchung. Kinder, die nicht in den Kindergarten gingen, sollten vorher noch in die Vorschule, die anderen von uns lernten das, was sie als ABC-Schützen brauchten, im Kindergarten. Freunde hatten wir schon viele damals, aber jetzt wurden manche sogar zu Schulfreunden. Und wir waren richtig groß.

### Aber Täve lebt noch!

*Mein Bruder war vier Jahre älter als ich und unheimlich sportbegeistert. Deshalb besaß er auch mehrere Fußball-, ein Eishockey- und ein Radrennspiel. Letzteres hatte so kleine Radfahrer aus Plaste, die man nach dem Würfeln verrücken musste.*

*Ich lag mal wieder mit Mandelentzündung im Bett und durfte mit diesem Spiel spielen – das weiß ich noch ganz genau. Erinnern kann ich mich allerdings nicht mehr daran, warum ich allen Radfahrern den Standfuß abgebrochen habe – bis auf einen. Den hielt ich dann auch stolz dem Rest meiner wütenden Familie mit folgenden Worten entgegen: „Aber Täve*

*lebt noch!" und verstand überhaupt nicht, warum das vor allem für meinen Bruder kein Trost war.*

*Gustav Adolf „Täve" Schur war schon damals für mich ein ganz besonderer Sportler, und die Friedensfahrt hat mich in jedem Frühjahr immer wieder neu begeistert. Sicher können sich noch viele an die dramatischen Rundfunkübertragungen mit der typischen und einprägsamen Musik erinnern oder an die damals durch nichts zu übertreffende Spannung, wenn die Rennfahrer doch tatsächlich direkt an einem vorbeifuhren.*

# Hurra, endlich beginnt die Schule!

Die Zuckertüte war schwer, aber beherrschbar.

### Endlich lernen wir lesen

Die Zuckertüte war toll und die Geschenke auch und natürlich die Feier zu unserem großen Tag – aber am besten war: Wir lernten endlich lesen. Wie viele schöne Bücher besaßen wir schon. Manche kannten wir bereits auswendig, aber lesen, so richtig lesen konnten wir sie nicht. Aber das änderte sich bald. „Pony Pedro", „Alfons Zitterbacke", „Die Reise nach Sundevit" und, und, und – alles wurde von uns verschlungen.

# Chronik

**24. Januar 1962**
Die Volkskammer beschließt die allgemeine Wehrpflicht.

**12. Juli 1962**
Die Arbeiter- und Bauernfakultäten (ABF) stellen ihre Tätigkeit ein.

**9. Juni 1963**
Im Endspiel der letzten Feldhandball-Weltmeisterschaft besiegt die DDR in Basel die BRD.

**2.Januar 1964**
Ausgabe von neuen Personalausweisen, deren Inhaber jetzt „Bürger der Deutschen Demokratischen Republik" heißen.

**16.-18. Mai 1964**
Drittes und letztes „Deutschlandtreffen der Jugend" in Berlin. Aus diesem Anlass nimmt das Jugendradio „DT 64" seinen Betrieb auf.

**18. Juni 1964**
Gründung des „Buchclubs 65", der preiswerte und gute Literatur in hoher Auflage vertreibt.

**1. August 1964**
Neue Banknoten werden ausgegeben, die „Mark der Deutschen Notenbank".

**1. Dezember 1964**
Zwangsgeldumtausch für Besucher aus der BRD beginnt.

**28. Dezember 1964**
Die Volkszählung ergibt 17 Millionen DDR-Bürger, 1,3 Millionen weniger als 1950.

**19. März 1965**
Louis Armstrong hat mit seiner All-Star-Band mehrere Auftritte in der DDR.

**29. September 1965**
In Leipzig wird das 800. Jubiläum der Messe gefeiert.

**20. Dezember 1965**
Das Familiengesetzbuch der DDR wird von der Volkskammer verabschiedet.

Zum Glück wurden wir in ein lesebegeistertes Land hineingeboren, das sehr schöne und auch sehr preiswerte Bücher für Kinder herausbrachte. So hatten wir alle die kleinen handlichen Bücher des Kinderbuchverlages Berlin zu Hause, die extra für uns Unterstufenschüler gedruckt wurden. Zum einen „Die kleinen Trompeterbücher" für 1,75 Mark und zum anderen „Robinsons Billige Bücher" für zwei Mark. In dem Jahr, in dem wir eingeschult wurden bzw. im ersten Schuljahr waren, fanden auch die „1.Tage der Kinderliteratur" in Halle statt, danach in jedem Jahr wieder. Lesen spielte eine viel größere Rolle als Fernsehen. Wenn wir nicht schon Mitglied in einer der zahlreichen Bibliotheken waren, dann wurden wir durch die Schule sehr bald an diese praktische Art des Bücherkonsums herangeführt. Schade, dass das zur Vergangenheit gehört.

## Fernsehen, aber das Richtige

Mit dem Fernsehen, das war sowieso eine Sache für sich. Jeder guckte Westen (außer im „Tal der Ahnungslosen"), aber keiner durfte es wissen. Für die Schule galt: Kein Wort darüber, was wir gestern gesehen haben! Unsere Fernsehuhr hat Punkte, keine Striche! Der Sandmann kam als Kosmonaut und nicht als Astronaut! Und so weiter, und so fort. Wir wuchsen damit auf und hatten kein Problem damit, hin und wieder mal ein wenig zu mogeln.

Sonntagvormittag jedenfalls schrieb ein Familienmitglied immer das Westprogramm für die kommende Woche auf. „Auf der Flucht" mit Richard Kimble – die Väter freuten sich. „Sissy" mit Romy Schneider – die Mütter freuten sich. „Der Blaue Bock" mit Heinz Schenk – die Oma freute sich. Und sonnabends „EWG-Einer wird gewinnen" mit Hans-Joachim Kuhlenkampff – wir freuten uns alle. Der Samstagabend war traditioneller Familien-Fernseh-Abend. Da gab es was zu Naschen (vielleicht sogar eine Tafel Sarotti-Schokolade) und für die Eltern ein Glas Wein.

## Prof. Flimmrich und der Sandmann

Aber es wurde nicht nur Westen geguckt. Bis 1965 war die Sendung „Da lacht der Bär" ein echter Renner. Bei der letzten Sendung waren alle richtig traurig, und als dann noch Stargast Roy Black „Ganz in Weiß" sang, blieb kein Auge trocken, zumindest bei unseren Müttern. Auch „Mit dem Herzen dabei" mit Hans-Georg

König Drosselbart

Oh, wie fieberten wir bei unseren Märchenfilmen mit.

Im Sommer fand das Leben in freier Natur ohne Fernsehen statt.

Anfangs machte Pionier sein wirklich Spaß.

Ponesky (seit 1964) und „Klock acht, achtern Strom" aus der Hafenbar Rostock (seit 1965) waren bei uns sehr beliebt.

Vergessen werden wir natürlich auch nicht unser Kinderfernsehen. Neben dem Sandmann kam seit 1959 am Samstagnachmittag immer „Prof. Flimmrich". Hauptteil der Sendung war stets ein schöner Märchenfilm, wie „Der kleine Muck", „König Drosselbart", „Das kalte Herz", „Die Geschichte vom Feuerzeug" und natürlich die herrlichen sowjetischen und tschechischen Märchen.

Und am Sonntagnachmittag begrüßte uns seit 1961 „Schnippeldieschnappeldiescher, der Meister Nadelöhr". Zusammen mit Bummi, Schnatterinchen und Pittiplatsch erklärte er uns Gut und Böse im Leben und zeigte dabei noch nette kleine Trickfilme, wie zum Beispiel die vom „Hasen und Wolf" und natürlich die vom „Kleinen Maulwurf".

Nette kleine Filme liefen aber auch bei „ttt", die Abkürzung für Tausend Tele-Tips. Die einzige Werbesendung, die es je im DDR-Fernsehen gab, anfangs noch schwarz-weiß. Ihr erinnert euch bestimmt: „Baden in badusan" oder „Ein Teletip, der helfen soll, gibt ihnen der MINOLPIROL" oder „Aka-elektrik, in jedem Haus zu Hause".

Auf jeden Fall erinnern wir uns aber an „Arthur, der Engel", die liebenswerte Zeichentrickfigur zwischendurch. Aber so richtig dominiert hat uns das Fernsehen nicht. Zum einen besaß nicht jeder ein Gerät und zum anderen: Kam nichts Interessantes, haben wir mit den Eltern „Mensch ärgere dich nicht" gespielt oder „Schwarzer Peter" oder „Stadt, Name, Land" oder Hörspiele im Radio gehört. Im Sommer spielte sich das Leben dann sowieso mehr in freier Natur ab.

## Milchpause

Aber was passierte nun eigentlich in der Schule mit uns? Nun, wir freundeten uns schnell an, mit dem einen mehr und mit dem anderen weniger. Wir begriffen auch irgendwann, dass wir stillsitzen und den Mund halten müssen, dass wir den Arm heben sollen, um etwas zu sagen und dass wir in der Hofpause nicht kreuz und quer durcheinanderrennen dürfen. Wir bekamen in der ersten kleinen Pause einen viertel Liter Milch in einer Glasflasche, die Vollmilch zu 15 Pfennig, Frucht- oder Kakaomilch zu 20 Pfennig. Diese kleine Pause war extra von zehn auf 15 Minuten verlängert worden und hieß „Milchpause".

Ja, und wir lernten natürlich schreiben, rechnen, lesen, singen, malen, basteln – alles, was der Mensch so fürs Leben braucht. Und wir wurden Pioniere, jedenfalls die meisten von uns. Ein bisschen waren wir schon stolz darauf, das blaue Halstuch umzubinden. Zumindest am Anfang. Aber es war ja auch oft was los. Pioniernachmittage, Pioniergeburtstag am 13. Dezember, Pionierferienlager. Klar mussten wir manchmal dann auch so komische Sprüche beim Fahnenappell aufsagen, aber das wurde von uns unterschiedlich ernst genommen.

## Was wir gerne gelesen haben

Angefangen hat alles mit dem „Bummi",
einer grafisch sehr gut aufgemachten
Kinderzeitung, die es seit 1957 gab.
Bummi und seine Freunde Maxl und
Mischka erklärten uns Vorschulkindern
liebevoll die Welt und wie wir uns in ihr
benehmen sollten.

Dann ging es weiter mit der seit 1953
monatlich erscheinenden „Frösi", die
vieles bunt und kindergerecht darstellte.
So berichtete Atomino Wissenswertes aus
der Welt der Technik und Korbine
Früchtchen aus der Welt der Natur.
Parallel dazu lasen wir natürlich die „Atze",
eine Comic-Zeitschrift, die schon seit 1955
gedruckt wurde. Die Mäuse Fix und Fax
mit ihren Reimen waren darin die Stars.

Und keineswegs vergessen werden
darf das „Mosaik", das mit seiner ersten
Ausgabe am 23. Dezember 1955
erschien. Hannes Hegen (Johannes
Hegenbarth) schuf bis 1975 für seine
Helden Dig, Dag und Digedag über 200
weltweite Abenteuer. Noch heute sind die
alten Ausgaben Kult. Erwähnt seien auch
noch die „ABC-Zeitung" für Jungpioniere
und die „Trommel" für Thälmann-Pioniere,
die dann doch schon politisch etwas
stärker geprägt waren.

OTTOKAR DOMMA

*Der brave Schüler Ottokar*

Illustriert von Karl Schrader

## Mutti-, Hort- und Schlüsselkinder

Wichtig war uns die Unterscheidung in Mutti-, Hort- und Schlüsselkinder.
Muttikinder gingen nach der Schule gleich nach Hause, aßen dort und erledig-
ten ihre Hausaufgaben. Hortkinder taten Gleiches in der Schule. Die wenigen,
von uns aber viel bewunderten Schlüsselkinder trugen an einem Band den
Wohnungsschlüssel um den Hals, aßen aber oft in der Schule mit. Dafür
musste man sie aber fast schon wieder bedauern, denn was da so manchmal
in den Thermokübeln in der Schulküche ankam, war nur mit sehr viel Hunger
zu genießen. Sicher, es war eine preiswerte und manchmal auch noch warme
Mahlzeit. Aber ich sage nur: Montag, Gräupchentag.

Für die Muttikinder war Montag Resteessentag, denn fast überall gab es sofort nach dem Wochenende das vom Sonntag Übriggebliebene. War ja auch verständlich, denn Kühlschränke gab es kaum, schon eher die rustikalen Eisschränke. Hierfür brauchte man ein- bis zweimal die Woche einen Brocken Industrieeis, das der „Eismann" durch die Straßen fuhr. Mit Glocke oder Pfeife machte er auf sich aufmerksam, und wir bekamen ein Netz und ein paar Groschen in die Hand, um Eis zu holen. „Aber nichts davon naschen", gab's noch mit auf den Weg. Große, schwere Eisquader wurden dann mit einem Pickel auf unsere gewünschte Menge zerlegt, und schnell ging es nach Hause zurück, damit nicht die ganze Wohnung vollgetropft wurde.

Ab und zu haben wir natürlich doch mal das eine oder andere abgesprungene Stück gefrorenen Wassers auf der Zunge zergehen lassen. Es war erfrischend, aber nicht köstlich. Erfrischend und köstlich hingegen war das Speiseeis, das es an Verkaufswagen oder in kleinen Eisdielen gab: Vanille für einen Groschen, Frucht für 15 Pfennig und Schoko für zwei Groschen. Lecker war aber auch das runde Eis am Stiel und das „Othello"-Eis, beides eine Sahne-Schleckerei mit einer dünnen Schoko-Schicht drumherum.

## Brausepulver oder Liebesperlen?

Überhaupt naschten wir 56er genauso gerne wie alle anderen Kinder. Könnt ihr euch auch noch an die kleinen Schokoladenläden erinnern? Holzregale mit vielen Schüben drin, die goldene Knaufe hatten. Jede Menge große Bonbongläser und Glasvitrinen. Wenn es perfekt war, und ich hatte das Glück, stand dann noch ein älteres in Dunkelblau mit weißen Spitzen gekleidetes Fräulein drin, die grauen Haare ordentlich zum Knoten geschlungen. Das ist heute interessanter als damals. Vor über vier Jahrzehnten zählte für uns eigentlich nur der süße Inhalt des Ladens: Bunte Gummischlangen, rot-weißer Pfefferminzbruch, große, gefüllte Creme-Waffeln, weiß-bunte Zuckerstangen – alles für einen Groschen. Kokosflocken mit Schokolade und ohne, Geleebananen, Nussbruch – das lag aber schon über dem Limit unseres Taschengeldes.

Ein Brausepulver für fünf Pfennig, Liebesperlen oder Puffreis, das war öfter mal drin, aber das wurde im Konsum nebenan geholt. Ebenso wie der Lutscher für fünf, der Karamell-Lutscher, in den man noch hineinpfeifen konnte, für zehn und der runde, mit Nougat gefüllte Lolliball für 20 Pfennig.

Ferienspiele in der Schule:
Eine Mark für eine Woche.

## Acht Wochen Sommerferien

Nun verbrachten wir unsere Zeit aber nicht nur mit Naschen, nein, wir hatten auch Ferien. Wer viel lernt, der soll sich schließlich erholen. Im Sommer gab es acht Wochen, immer im Juli und August, und im Februar drei Wochen. Eine Menge Zeit, wenn die Eltern jährlich nur zwölf bis 14 Tage Urlaub im Durchschnitt hatten. Aber auch da schaffte der Staat Möglichkeiten, damit wir viel

Auch Schwimmen wurde
während der Ferien gelernt.

Trabant plus Anhänger mit zusammen-
gefaltetem Boot, das Packen war eine
logistische Meisterleistung.

erleben konnten. Zum einen gab es in der Schule die Ferienspiele. Baden oder
ins Kino gehen, basteln oder malen, ein Theaterstück einstudieren oder in den
Zoo fahren – Ganztagsbetreuung durch die Lehrer und alles für eine Mark pro
Woche.

Die zweite Variante waren die Betriebsferienlager. Fast von allen größeren
Firmen, in denen unsere Eltern arbeiteten, wurden in schönen Gegenden des
Landes Kinderferienlager betrieben. Für nur zwölf Mark konnten wir bis zum 13.
Lebensjahr einen „14-tägigen Durchgang belegen". Da waren die Bahnfahrt,
die Verpflegung, Ausflüge und Unterkunft schon mit drin. Sicher, das alles
besaß keinen 4-Sterne-Komfort, aber wir hatten jede Menge Spaß, und weit weg
von zu Hause erlebten wir vielleicht auch schon unsere erste kleine Liebe.

Die dritte Möglichkeit waren die Pionierferienlager. Hier durften die Aktivsten
aus der Pionierorganisation „Ernst Thälmann" hinfahren. Oft an schönen Seen
gelegen, boten sie alles für eine erholsame Ferienzeit. Nur der Drill war ein
bisschen viel für manchen von uns. Appelle, ständiges Halstuchtragen, mit
Wimpeln wandern gehen, ist nun mal nicht jedermanns Sache. Die vierte Variante war Urlaub mit den Eltern. Oft mit dem Trabi oder mit dem Zug, selten ins

Ausland. Obligatorisch dabei
die Stullenpakete und die
Thermoskanne, kleine
Bouletten, hart gekochte
Eier, Äpfel – die Hälfte von allem schon aufgegessen, bevor der Zug überhaupt
aus dem Bahnhof rollte. Aber auch die schönste Ferienzeit geht einmal vorbei.

## Pionier-Füller und Muttiheft

Kurz vor Beginn des neuen Schuljahres mussten wir unsere Schulbücher
abholen. Entweder gab es sie in der Schule oder in einer kleinen Buchhandlung.
Wer keine Freiexemplare bekam, musste für die neuen Bücher aber auch keine
Unsummen zahlen. Schreib- und Rechenhefte kosteten einen Groschen, das
berühmte „Muttiheft" fünf Pfennig. Problematisch wurde es nur beim Einschlagen
der Bücher. Die farbigen Plastehüllen passten fast nie um die Bücher herum.
Hier war wieder einmal der Einfallsreichtum unserer Eltern gefragt. Entweder
wurden die Hüllen passend zurechtgeschnitten oder die Bücher kamen gleich in
Einschlagpapier. Sind Stifte, Lineal, Tuschkasten und Füller noch in Ordnung?
   Zum Anfang gab es den Pionierfüller, später den normalen und noch später
den Patronenfüller.
   Kamen wir in die dritte Klasse, konnten wir endlich den Heiko-Füllfederhalter
für die Großen benutzen. Gekostet haben sie zwischen 3,20 und 12 Mark und
wurden in Wernigerode gefertigt. 450 Mitarbeiter dieser Firma stellten neben
Füllfederhaltern auch Kugelschreiber, Patronen und Schreibgeräte für Links-
händer her. Fast alle von uns haben ihre erste Eins im Diktat und ihre erste
Fünf in der Mathearbeit mit einem „Heiko"-Füller geschrieben. Warum hieß
unser robuster und zuverlässiger Freund nun aber Heiko? Vor der Verstaatlichung des Betriebes 1972 hieß er „Heise & Co. KG".

Egal ob Pionierfüller oder Heiko, beide waren untrennbar mit dem kleinen Tintenfass verbunden. Oft eine sehr blaufleckige Angelegenheit. Welcher Segen, als dann auch bei uns die Patronenfüller zu haben waren, die wir teilweise nur durch die Westoma oder durch andere Mitschüler mit Westoma kannten. Ebenso die Filzstifte, womöglich sogar die 24er-Packung. Welcher Schatz, und er wurde gehütet, oft nur zu Hause.

## Immer mit Schürze

Auch das Sportzeug musste kontrolliert werden und wehe, es passte nach den Ferien nicht mehr, dann ging das Herumgerenne erst richtig los, denn jede Schule hatte ihre eigene Farbe oder Farbkombination.

Ist auch die Schürze für den Werk- und den Schulgartenunterricht noch in Ordnung? Von der zweiten bis zur vierten Klasse hatten wir einmal pro Woche dieses Fach. Wir gingen dann mehr oder weniger euphorisch im Frühjahr und im Herbst in einen Garten direkt an der Schule oder auch ein wenig entfernt. Dort legten wir Beete an, säten, harkten und ernteten verschiedene Gemüsearten.

Beim Werkunterricht teilten wir uns auch oft in Liebhaber und Verschmäher auf. Ein Loch in ein Stück PVC zu bohren, aus dem ein Schuhanzieher entstehen soll, oder an Brettern herumzusägen, damit aus ihnen ein Untersetzer wird – so richtig toll fanden die meisten von uns Mädchen das nicht. Dann doch lieber Nadelarbeit. Stricken, häkeln, sticken und zum Abschluss eine Schürze nähen, das machte sogar manchem Jungen Spaß. Zumindest lernten sie dabei, wie sie einen Knopf annähen und ein Loch stopfen müssen, und das kann man im Leben ja immer mal brauchen.

## Die berühmten Brillenhüllen

Die Lederarbeiten im Werkunterricht, die gingen gerade noch. Besonders wenn wir aus diesen ziemlich stabilen Kunstlederstücken Brillenhüllen, Geldbörsen,

Hurra, das Indianerzelt steht. Der Kindergeburtstag ist gerettet.

Ausweistaschen und ähnliche Sachen gebastelt haben. Ihr erinnert euch noch? Erst die passenden Teile anzeichnen, dann ausschneiden, Löcher in gleichmäßigem Abstand einstanzen, um dann die Teile mit einem andersfarbigen Lederband ordentlich zusammenzuziehen. Das Ganze hatte den Vorteil, dass Weihnachten, Frauentag, Ostern und Geburtstag gerettet waren.

Überhaupt Geburtstag. Das Schönste am eigenen waren natürlich die Geschenke, aber noch ein bisschen schöner waren die Geburtstagsfeiern, die mit unseren Freunden. Hatten wir im Sommer unseren Ehrentag, war es natürlich ideal im Garten oder im Hof zu feiern. Viele Spiele, Kartoffelsalat und Würstchen, Brause und Süßigkeiten – welch herrliche Stunden. Die im Winter Geborenen bekamen eine geschmückte Wohnung und hatten auch ohne frische Luft beim Topfschlagen, Blindekuh-Spielen, beim Sätze bauen wie „Onkel Fritz sitzt in der Badewanne …" oder beim Stuhltanz jede Menge Spaß.

## Die Vogelfamilie

*Von dieser Schwalbe träumten wir als Jungen und Mädchen.*

*Der Star war die Schwalbe. Die Rede ist vom Kleinroller KR 51, der am 1. Februar 1964 in Serie ging und sich unglaublich schnell größter Beliebtheit erfreute. Die Serienfarbe war Blau und der Grundpreis betrug 1 265 Mark. Die Schwalbe war ein Zweisitzer, besaß einen 50-ccm-Zweitakt-Motor und gehörte zur sogenannten Vogelfamilie, die im VEB Kombinat Fahrzeug- und Jagdwaffenwerk „Ernst Thälmann", kurz auch VEB Simson Suhl genannt, seit 1961 hergestellt wurde.*

*Weitere Familienmitglieder waren die beiden Zweisitzer Star und Habicht, der*

*Einsitzer Spatz und der Sperber, ein 4-Gang-Mokrad, das mit seinen 4,6 PS nicht mehr zu den Mopeds zählte. Aber wie gesagt, die Schwalbe war der Star. Von der Schülerin bis zum Rentner, vom Bauern bis zum Parteisekretär, selbst eine Krankenschwester namens Agnes – alle benutzten dieses robuste und zuverlässige Gefährt.*

# Esda, Jumo und Westpakete

## Die erste Null ist erreicht

Nun hatten wir also die erste Null erreicht, und wir fühlten uns so groß dabei. Sogar die Geschenke fielen etwas opulenter aus. Ja, da gab es zweimal Bettwäsche, komplett natürlich, von der Patentante Erika. Und sechs große Handtücher, selbstverständlich mit dem eingestickten Monogramm, von Patenonkel Ernst. Wenn dann noch ein halbes Dutzend weißer Baumwoll-schlüpfer mit kleinen Blümchen und ein ganzes Dutzend feinsäuberlich umhäkelter Taschentücher auf dem Geburtstagstisch lagen – ja, dann stand der puren Freude eigentlich nichts mehr im Wege … Zum Glück fanden sich unter der „Aussteuer" wenigstens noch zwei Bücher und eine „Bambina"-Schokolade, die teure mit Kokos. Aber auch Rollschuhe oder Schlittschuhe oder Ski zauberten uns ein Geburtstagslächeln ins Gesicht.

# Chronik

**28. Februar 1966**
Die UNO lehnt die Aufnahme der DDR ab.

**7. April 1966**
Regierungsbeschluss zur schrittweisen Einführung der Jahresendprämien.

**9. Mai 1966**
In Rheinsberg nimmt das erste Atomkraftwerk der DDR seine Arbeit auf.

**20. Januar 1967**
In Torgau wird der Wettbewerb „Schöner unsere Städte und Gemeinden – Mach mit!" ausgerufen.

**1. Dezember 1967**
Das Geld heißt jetzt „Mark der Deutschen Demokratischen Republik".

**5. Februar 1968**
Der 500. Soldat der NVA flieht seit dem Mauerbau in den Westen.

**6. – 18. Februar 1968**
Bei den Olympischen Spielen in Grenoble gehen erstmals zwei deutsche Mannschaften an den Start.

**30. Mai 1968**
Sprengung der völlig intakten Paulinerkirche auf dem Leipziger Karl-Marx-Platz.

**22. August 1968**
In Leipzig wird das Konsument-Warenhaus eröffnet.

**22. – 29. September 1968**
Der fünfteilige Fernsehfilm „Wege übers Land" mit Armin Mueller-Stahl wird zum Straßenfeger.

**8. Mai 1969**
Kambodscha nimmt als erstes nichtkommunistisches Land volle diplomatische Beziehungen zur DDR auf.

**3. Oktober 1969**
Das II. Programm des DDR-Fernsehens startet. Acht Stunden Farbe pro Woche kommen jetzt von dem neuen Berliner Fernsehturm, der am selben Tag eröffnet wird.

**7. Oktober 1969**
Anlässlich des 20. Jahrestages der DDR kommt „Präsent 20" auf den Markt, ein Großrundstrickstoff aus 100 Prozent Polyester.

„Aussteuer" dominierte den Gabentisch zur Taufe, am ersten Geburtstag, am zehnten Geburtstag …

Wir Mädchen, aber auch so mancher von euch Knaben, waren ganz schön gestraft mit der Vorsorge für unseren künftigen Wäscheschrank. Bei manchen fing das ja schon zur Taufe an. Aber insgesamt ging es den Jungs in puncto Geschenke besser. Neben dem Holzkranz mit den Geburtstagskerzen fand sich auch mal ein „Kick-Fußballspiel". Ihr wisst doch noch: der Rasen wurde ausgerollt und den Fußballern musste man auf den Kopf drücken, damit sie ihr Bein zum Schuss anhoben. Ganze Meisterschaften wurden damit ausgetragen. Oder ein STABA-Metallbaukasten oder die Grundausstattung bzw. Ergänzungsteile für die PIKO-Eisenbahn HO sowie für die Zeuke-Eisenbahn TT.

## Sport gehörte dazu

Aber auch Sportsachen wurden gerne geschenkt, denn Sport trieb eigentlich jeder von uns irgendwo und irgendwie. Wir rannten uns die Seele aus dem Leib bei „Hasche" und „Verstecke", wir sprangen wie die Gazellen bei „Himmelhuppe" und waren nicht müde zu kriegen beim Völkerballspielen – und das noch auf der Straße und mit den Jungs. Nur beim Gummitwist und beim Seilspringen blieben wir mehr unter uns Mädels. Im Winter wurde dann geschusselt, Schlittschuh und Ski gelaufen und auf jedem „Idiotenhügel" gerodelt. Viele von uns waren aber auch in einen Sportklub eingetreten. Das kostete nichts oder nur ein paar Pfennig, es machte Spaß und schlank. Die Besten von uns konnten sogar 1966 an der I. Kinder- und Jugendspartakiade der DDR teilnehmen – im Februar in Oberhof und im Juli in Berlin. Bei diesen regelmäßig stattfindenden einwöchigen Wettkämpfen zeigte schon so mancher künftige Olympiasieger sein Talent.

Am 8. Oktober 1967 wurde in Zwickau die „Lauf-dich-gesund"-Bewegung ins Leben gerufen und auch aktiv von uns unterstützt. Ihr könnt euch doch bestimmt noch an die beliebte Kindersendung „Mach mit – machs nach – machs besser" mit Adi erinnern? 27 Jahre lang, bis 1991, gab es einmal im Monat am Sonntagvormittag diese Kultsendung, in der Gerhard „Adi" Adolph mit insgesamt neun jungen Assistentinnen den sportlichen Wettkampf zwischen einzelnen Schulen im Fernsehen zeigte.

„Olympia-Leistungsabzeichen".

Wir bewegten uns gerne und viel.

„Chingachgook – Die große Schlange",
der zweite DEFA-Indianerfilm, natürlich
wieder mit Gojko Mitic in der Hauptrolle.

## Nachmittags in die AG

Neben dem Sport besuchten wir
aber noch mit Feuereifer jede
Menge Arbeitsgemeinschaften:
Junge Kosmonauten, Junge
Naturfreunde, Junge Techniker,
Malen, Tanzen, Schach – und alles kostete im Grunde nichts. Auch für die
Musikschulen mussten unsere Eltern nicht auf den Urlaub verzichten – sie
waren frei, und die Begabtesten von uns erhielten eine ausgezeichnete Ausbil-
dung. Wer da ein bisschen Wehmut heraushört, der hört richtig …

Kulturpolitisch läutete das Jahr unseres zehnten Geburtstages eine Wende ein,
eine Wende hin zu strenger Zensur und drastischen Verboten. Konnte man vorher
über humorvoll-ironische Filme wie z. B. „Der Reserveheld" oder „Geliebte weiße
Maus" herzlich lachen, wurden jetzt die Ausstrahlung von „Spur der Steine" und
„Karla" im Kino unterbunden. Gut, das hat uns nicht so sehr getroffen. Wir hörten
nur zu Hause eventuell davon oder im „Deutschlandfunk", dem Leib- und Magen-
sender unserer Eltern. Seit dem 1. Januar 1962 sendete er von der BRD aus
gezielt in das Gebiet der DDR und erreichte eine unglaublich breite Hörerschaft.

Aber wie gesagt, uns interessierte im Kino etwas ganz anderes, nämlich „Die
Söhne der Großen Bärin" – der erste Indianerfilm der DEFA, dem bis 1979 noch
elf weitere folgen sollten. Und alle natürlich mit Gojko Mitic, den wir, gebt es
ruhig zu, kollektiv anhimmelten. Dass diese Filme aus der Sicht der Indianer
gedreht wurden, fanden wir gut.

## Das Leben wurde besser

Verschärfte sich auf der einen Seite die ideologische Situation für Künstler und
Kulturschaffende, verbesserten sich aber auf der anderen Seite die Lebensbe-
dingungen für die Bevölkerung. Walter Ulbricht hatte durch die Einführung des
„Neuen ökonomischen Systems" für einen beachtlichen Aufschwung in den
60er-Jahren gesorgt. Die wöchentliche Arbeitszeit sank von 45 auf 43,5 Stunden

und der Mindesturlaub stieg auf 15 Tage. Ab dem 9. April 1966 war jeder zweite Samstag arbeitsfrei und ab 1967 wurde generell die 5-Tage-Arbeitswoche eingeführt. Dafür fielen der Ostermontag, der Buß- und Bettag und Himmelfahrt als Feiertage weg.

Aber auch der 8. Mai, Tag der Befreiung vom Hitlerfaschismus, wurde gestrichen – ein Zugeständnis an die Kirchen in diesem Land. Die Mindestlöhne stiegen 1967 auch recht beachtlich – von 220 auf 300 Mark der DDR, wie unsere Währung jetzt hieß, und die Mindestrenten kurz darauf auf 150 Mark. Ende der 60er-Jahre besaß jeder siebte Haushalt ein Auto und auch die Ausstattung mit Fernsehern, Kühlschränken und Waschmaschinen verbesserte sich sprunghaft.

## Wir wurden aufmüpfig

Von sprunghafter Verbesserung unserer schulischen Noten kann in dieser Zeit sicher nicht gesprochen werden. Die ersten vier Jahre, die Unterstufe, hatten wir hinter uns gelassen und wurden nun mit völlig neuen Fächern konfrontiert: Russisch, Geschichte, Biologie, Erdkunde, Physik, Chemie. Du meine Güte, das mussten wir erst mal verdauen. Dann sollten ja auch noch in Betragen, Fleiß, Mitarbeit, Ordnung und Gesamtverhalten gute Zensuren erscheinen. Und das gerade in der Zeit, wo wir doch alle schon mal ganz gern aufgemuckt haben. Das Pionierhalstuch z. B., habt ihr das nicht auch nur noch kurz vor der Zeugnisausgabe oder kurz vor dem Fahnenappell umgebunden? Oder die einst bei uns so beliebten Altstoffsammlungen? Das war doch jetzt oberpeinlich, mit dem Handwagen voller Papier und Flaschen durch die Straßen zu ziehen. Aber wir taten es trotzdem, wollten wir doch die Aktion „Hände weg von Vietnam" unterstützen.

Überhaupt wussten wir über Politik ziemlich viel. Die Schule sorgte dafür, dass wir ideologisch natürlich auf den Sozialismus ausgerichtet wurden. Das fruchtete bei dem einen mehr und bei dem anderen weniger, je nach der Einstellung, die im Elternhaus vertreten wurde. Nach außen kriegten wir aber fast immer die Kurve, auch wenn wir im ZDF oder beim RIAS einiges anders hörten als dann später im Staatsbürgerkundeunterricht. Wir beherrschten den Spagat zwischen den Vorteilen der westlichen Welt und der unseren.

## Das Westpaket als solches

Es war immer etwas Besonderes, ein Westpaket zu bekommen. Aber zu Weihnachten, ja, da war es schon etwas ganz Besonderes. Das hatte mehrere Gründe. Erstens bekamen manche da überhaupt nur ihr Einziges, zweitens fielen sie bei manchem größer aus als sonst und drittens war es bei manchem einfach die Anzahl der Pakete, die höher war als gewöhnlich. Und dann spielten sich in der Adventszeit folgende Szenen ab: Zu der Zeit, zu der immer das Paketauto kommen müsste, bezog eines von uns Kindern ganz unauffällig Position hinter der Gardine. Und wenn es dann tatsächlich vor unserem Haus hielt, genügte ein kurzer Ruf (im Tierreich auch Lockruf genannt), um den Rest der Familie an das Fenster zu beordern.

Nun stapelte der Postmann Päckchen auf Pakete und lief wirklich in unsere Richtung – die Spannung erreichte ihren ersten Höhepunkt. Würde er auch tatsächlich bei uns klingeln, und nicht etwa bei Müllers oder Meiers? Er klingelte bei uns, wir nahmen freudig erregt, aber noch beherrscht die in helles Einschlagpapier mit der Aufschrift „Geschenksendung – keine Handelsware" gewickelten Kartons in Empfang. Und nun konnte es ganz hart für uns kommen: Wenn nämlich einer vom Haushaltsvorstand fehlte, blieb die Spannung noch lange erhalten, dann wurde allen Ernstes erst am Abend ausgepackt.

Und auch da zeigten sich die verschiedenen Spezies Mensch. Der eine zerschnitt forsch die Schnur, zerriss das Papier und begann mit der Schatzsuche. Der andere (und dazu zählte leider mein Vater) löste jeden Knoten einzeln, nahm das Papier ordentlich vom Karton und faltete es exakt zusammen – man konnte es ja noch mal gebrauchen. Die Spannung stieg dabei ins Unermessliche. Dann wurde das Behältnis aufgeklappt und ein unbeschreiblich schöner, ein typischer Westpaket-Geruch strömte uns entgegen.

Als Nächstes sah man das handgeschriebene Inhaltsverzeichnis, welches Mutter sofort an sich nahm. Und nun, nun erst konnten wir unsere volle Aufmerksamkeit auf das Auspacken richten. Backzutaten, Kaffee und Kakao, streng durch Strumpfhosenpakete und Apfelsinen von der Seife getrennt. Schokolade, oh, so viele Sorten, Zigaretten, Puddingpulver, Lebkuchen, Schokoladenbaumbehang (der mit den bunten Streuseln drauf) und Lametta, das gute, schwere Bleilametta, wie schön.

Es gab so eine gewisse „Grundausstattung", über die wir uns alle schon sehr gefreut haben. Waren dann aber für jeden noch ein paar spezielle Dinge wie z. B. Kleidungsstücke oder ein Fläschchen Tosca drin, dann hatten sich die ganze Spannung und das ganze Warten wirklich gelohnt.

## Schule war gesund

Wie zum Beispiel die jährlichen Reihenun-
tersuchungen durch den Schularzt und den
Schulzahnarzt. Fand man da bei uns etwas
zu bemängeln, vielleicht Plattfüße, einen
krummen Rücken oder ein Loch im Zahn,
gab es einen Zettel für die Eltern, die dann
mit uns einen Facharzt aufsuchten. Auch
der Impfkalender wurde automatisch in der
Schule abgearbeitet.

So konnte keine Impfung
vergessen werden – eine

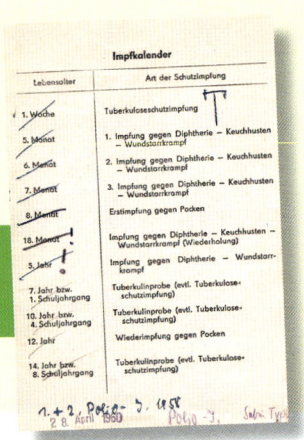

prima Sache, besonders weil dann immer Unterrichtsausfall
war. Unterrichtsausfall gibt es heute weiß Gott genug – aber
leider nicht aus diesen wichtigen Gründen … Dass wir
sonnabends in die Schule mussten, hat unsere Eltern sicher
genauso gestört wie uns. Sie hatten jetzt frei, mussten aber
wegen uns zeitig aufstehen, und wir konnten nicht für ein
langes Wochenende verreisen.

## Verreisen im August 1968

Überhaupt verreisen. In den Ferien ging es nun bei manchem schon mal ins
Ausland: CSSR, Polen, Ungarn, Bulgarien. Alles sehr aufwendig und sehr
teuer. Wochen vorher musste ein Visum beantragt und Geld getauscht werden,
allerdings nur in einer bestimmten und nicht allzu großen Menge. Die meisten
von uns verlebten ihren Urlaub mit Eltern und Geschwistern zwischen Ostsee-
küste und Thüringer Wald.

Das war besonders günstig im August 1968, denn manche von uns, die in
weite Ferne gereist waren, schafften es nicht pünktlich zum jährlichen Schulbe-

ginn am 1. September zurück zu sein. Grund: In der Nacht vom 21. zum 22. August erfolgte der Einmarsch der Truppen des Warschauer Vertrages in der CSSR, um die dortigen Umgestaltungsversuche mit Panzern niederzuschlagen. Sperrungen und lange Umwege waren die Folge.

Wir Daheimgebliebenen sahen die sorgenvollen Gesichter von Mutter und Vater, schnappten Gesprächsfetzen auf, die wir aber noch gar nicht so richtig einordnen konnten. Aber was sollte schon passieren?

„Ein heißer Sommer" – 1968!

## Chris und Frank

Wichtig war nur die Frage: Kriegen sich Stupsi und Kai? Ja, am 21. August 1968 fuhren nicht nur Panzer in die Goldene Stadt Prag ein, sondern hatte auch einer der erfolgreichsten DEFA-Filme Premiere: „Ein heißer Sommer" mit Chris Doerk und Frank Schöbel. Seit die beiden ein Jahr zuvor mit „Lieb mich so wie dein Herz es mag" den Schlagerwettbewerb der DDR gewonnen hatten, waren sie das Traumpaar der Unterhaltungsszene schlechthin. Und jetzt auch noch ein Film mit den beiden und mit ganz viel toller Musik.

Den mussten wir einfach sehen, einmal, zweimal … Stimmts, liebe Mädels, wir haben bis heute nicht begriffen, warum Stupsi und Kai sich nicht gekriegt haben. Dieser Gute-Laune-Film, gedreht an der Ostsee bei herrlichstem Sonnenschein und mit so vielen schnuckligen Typen, der schrie doch förmlich nach einem Happy-End, aber leider …

## Eine Sportlerfamilie

Und noch zwei andere Großereignisse hielten uns 1968 in Atem. Die Olympischen Winterspiele in Grenoble, bei denen unsere Rodlerinnen die Schlittenkufen aufgeheizt haben sollten und wo die Silbermedaille im Eiskunstlaufen von

Gaby Seyfert errungen wurde. Wut und Begeisterung herrschte in unseren Familien, denn mit dem Sport und mit den Sportlern haben wir uns schon sehr eng verbunden gefühlt. So auch bei den Olympischen Sommerspielen im Oktober in Mexiko City. Das DDR-Fernsehen hatte jede Menge Reporter vor Ort, in den Adlershofer Studios wurde alles bestens aufbereitet und so saß die ganze Familie stundenlang vor dem „Kasten" und hatte am Ende fast viereckige Augen. Aber wir erlebten eben damals auch Sternstunden des Sports.

So gewann z. B ein 17-jähriger Roland Matthes im Rückenschwimmen zweimal Gold. Und wie gut er dazu noch aussah, vielleicht ein bisschen schüchtern, aber egal, Hauptsache er hat gewonnen. Ebenso Wolfgang Nordwig (Stabhochsprung), Manfred Wolke (Boxen), Margitta Gummelt (Kugelstoßen) sowie Christoph Höhne (50 km Gehen), um nur einige der neun Goldmedaillengewinner zu nennen. Seit diesem Jahr gingen erstmals zwei deutsche Mannschaften an den Start und wir schafften es, die BRD zu besiegen.

Ein Sieg für uns war auch, dass das IOC beschloss, dass wir bei den nächsten Spielen mit eigenen Flagge und eigener Hymne teilnehmen können. Da waren wir stolz drauf.

Der 17-jährige Roland Matthes wurde 1968 bei den Olympischen Spielen in Mexiko Sieger über 100 und 200 Meter Rückenschwimmen.

## Liebe im Blauhemd

Stolz waren wir auch, endlich FDJler zu werden und nicht mehr mit diesem „Kinder-Halstuch" rumlaufen zu müssen. Wenn wir mal ganz tief in uns hineinhorchen – na, irgendwie cool war das Blauhemd schon – jedenfalls am Anfang. Wir gehörten nicht mehr zu den Kleinen, und nun konnten wir Mädchen schon mal einen Blick zu den Jungs der neunten oder zehnten Klasse werfen. Das waren Kerle, nicht solche Bubis wie in der eigenen Klasse. Heiß ersehnt wurde deshalb jede Schuldisko oder jeder Schulfasching. Zarte Bande, die per Blick in der Hofpause geknüpft wurden, konnten hier eng verknotet werden. Wenn's gut ging – wenn nicht, war meist die ganze Stimmung hin und nur die beste Freundin konnte einem noch Trost spenden. „Ich habe es dir doch gleich gesagt, der Matthias ist einfach nur doof. Ärgere dich doch nicht wegen so einem. Ich hab da übrigens den Süßen aus der 10 b entdeckt, du weißt schon, der mich immer so anlächelt. Los, komm wieder rein und sei jetzt kein Spielverderber. Du findest auch noch jemand anderen als Matthias."

So oder ähnlich verliefen die Dialoge bei uns. Aber auch die Jungs hatten Liebeskummer, bloß, da gab es keine Dialoge, die machten ihren Weltschmerz schon damals mit sich alleine aus.

Am Wasser spielen, anstatt mit uns spazieren gehen. Oh, Jungs sind so doof!

## Kleider machen Leute

Weltschmerz hieß aber auch für uns: Wo bekommen wir schicke Klamotten her? Warum müssen wir noch diesen furchtbaren Hüftgürtel tragen und Strümpfe von ESDA, wenn „drüben" schon jeder Strumpfhosen anhat? Und das in den Zeiten der Mini-Mode. Ein Lichtblick war die in allen großen Städten ins Leben gerufene Kette von Jugendmodeläden, kurz Jumo genannt. Ein zweiter Lichtblick waren die Westpakete. Na und, auch wenn die Sachen schon mal jemand angehabt hatte, wir haben uns meist trotzdem wie die Schneekönige gefreut. Und wenn Pullis und Hosen vielleicht sogar noch neu waren und passten und gefielen – dann war die Welt in Ordnung.

Die Feinstrumpfhosen waren für uns ein Segen. Sie wurden für „Gut" aufgehoben und wehe, die Laufmaschen krabbelten am Bein entlang. Dann gab es nur eins: Die Strumpfhosen wurden gesammelt und zur Laufmaschenannahmestelle gebracht. Dort saßen ein bis zwei Frauen und nahmen vorsichtig die Maschen wieder auf, sodass man meist bis auf eine kleine Naht kaum etwas von dem Unglück sah. Oft musste man wochenlang auf die reparierten guten Stücke warten. Das war auch noch so, als es dann in der DDR Feinstrumpfhosen gab, allerdings das Stück zu zwölf Mark.

## Keiner verstand uns

Was machten wir noch in der Zeit? Wir fingen an, uns zu schminken. Mitschwestern, ich sage nur „Balli" für eine Mark. Ein klitzekleiner Lippenstift, bevorzugt in weiß und rosa und außerhalb des Elternhauses getragen. Ach ja, die lieben Eltern, sie wollten uns einfach nicht verstehen. Der Rock war zu kurz, die Hosen zu weit, die Haare zu lang, die Musik sowieso grausam. Nun, zugegeben, Sonntagnachmittag die Hitparade von Radio Luxemburg zu hören, war nun wirklich kein Genuss. Der Sender schwankte hin und her und ausgerechnet beim Lieblingslied ging er dann ganz weg, sodass man völlig hektisch das Radio durch das Zimmer schleppte und die Antenne in alle Himmelsrichtungen verbog, um bloß wieder was zu hören.

Wir lauschten dem „Soldatensender", aber auch „DT 64" im Berliner Rundfunk. Wir führten also ein ganz normales Leben, wie jeder, der erwachsen werden wollte.

## Ein ganz besonderes Geschenk

Zum 20. Jahrestag der DDR ließ sich die Textilindustrie ein ganz besonderes Geschenk einfallen: „Präsent 20". Die Weltneuheit Großrundstrick war eine wunderbare Erfindung, das Material 100 Prozent Polyester nicht so sehr, denn

ab 20 Grad Celsius aufwärts fühlte man sich wie in der Sauna. Aber betrachten wir erst mal die positiven Seiten. Erstens füllten sich die Regale in den Kaufhäusern schlagartig. Hosen, Kostüme, Anzüge, Röcke, Kleider und Blusenröcke in den Farben Flaschengrün, Dunkelblau, Beige, Braun, Weinrot und Schwarz gab es nun in stattlicher Menge.

Und wenn auch die Kleidungsstücke nicht ganz billig waren, wurden sie doch gerne von der Bevölkerung gekauft, denn sie waren praktisch, also der zweite Pluspunkt. Kein Bügeln mehr, alles war waschmaschinenfest und formbeständig. Und auch schwierigste Flecken gingen leicht wieder raus. Negativ an „Präsent 20" war, dass dieser Plastestoff nahezu luftundurchlässig war und dass man in Windeseile jede Menge unansehnlicher Fäden ziehen konnte. Trotzdem hatte eigentlich jeder DDR-Bürger so eine Textilie im Schrank.

## Produktion, wir kommen

Ab der siebten Klasse war es vorbei mit dem Werkunterricht. Das war Pillepalle im Gegensatz zu dem, was jetzt auf uns zukam. Nun hatten wir den Unterrichtstag in der Produktion, auch UTP genannt. Dieser teilte sich in die „Einführung in die sozialistische Produktion" (ESP), in „Praktische Arbeit" (PA) und in „Technisches Zeichnen" (TZ). Das fand dann alles in einem Betrieb statt oder in einem UTP-Zentrum. Morgens hieß es nun noch zeitiger aufstehen, und tagsüber war körperliche Arbeit gefragt bzw. war der Kopf mit bisher unbekannten technischen Problemen zu füllen. Sicher siegte bei manchen Arbeiten auch der Stumpfsinn, aber wenn wir mal ehrlich sind, hat es doch keinem von uns geschadet, Betonrasenkanten oder Schraubverbindungen herzustellen. Auch die Kunst, eine technische Zeichnung zu lesen, bewahrte uns vor so manchem Schock, wenn die Möbel mal wieder als Einzelteile angeliefert wurden.

# Es wird langsam ernst

## „Sie" oder „Du"?

Für uns nicht schnell genug und für unsere Eltern viel zu schnell erreichten wir nun die letzte Etappe vor dem Erwachsenwerden. Der offizielle Schritt dahin war die Jugendweihe oder die Konfirmation – oder auch beides. Das war zwar irgendwie verrückt, zweimal „erwachsen zu werden", aber zur wundersamen Vermehrung von Geldscheinen für einen Kassettenrekorder, ein Fahrrad oder sogar ein Moped bestens geeignet.

Dass die Lehrer dann auch noch „Sie" zu uns sagen sollten, war klasse, besonders bei den Lehrern, die wir nicht so leiden konnten. Den anderen haben wir gönnerhaft gestattet, ruhig weiter „Du" zu sagen.

Was bewegte uns noch in dieser Zeit? Natürlich jeder neue Pickel und jedes fettige Haar. Schwefelpuder und Trockenshampoo waren uns da eine große

# Chronik

**19. März 1970**
Erstes Treffen der Regierungschefs Willi Stoph und Willy Brandt in Erfurt.

**3. Mai 1971**
Erich Honecker wird Nachfolger von Walter Ulbricht.

**3. September 1971**
Das Viermächteabkommen wird unterzeichnet.

**15. Januar 1972**
Beginn des visafreien Reiseverkehrs in die CSSR und nach Polen.

**18. Mai 1972**
Die Verstaatlichung der letzten großen privaten und halbstaatlichen Betriebe ist abgeschlossen.

**21. November 1972**
Die DDR wird 131. Mitglied der UNESCO.

**21. Juni 1973**
Der Grundlagenvertrag DDR-BRD tritt in Kraft.

**28. Juli – 5. August 1973**
26000 Teilnehmer aus 140 Ländern sind bei den X. Weltfestspielen der Jugend und Studenten in Berlin dabei.

**1. August 1973**
Walter Ulbricht stirbt.

**18. September 1973**
Die DDR und die BRD werden Vollmitglieder der UNO.

**1. Januar 1974**
Das „D" an den Kraftfahrzeugen wird durch ein „DDR"- Schild ersetzt.

**8. Mai 1974**
Der 1. FC Magdeburg schlägt in Rotterdam den AC Mailand 2:0 und gewinnt zum einzigen Mal den Fußball-Europapokal für die DDR.

**22. Juni 1974**
Die DDR besiegt bei der Fußball-WM die BRD mit 1:0.

**22. Dezember 1974**
Erstsendung von „Jakob der Lügner", der einzige DDR-Film, der je für den „Oscar" nominiert wurde.

„Weltall Erde Mensch" und die Verfassung der DDR waren die offiziellen Geschenke zur Jugendweihe.

Stütze, auch auf die Gefahr hin, auszusehen, als hätten wir am Mehlsilo gespielt. Egal, das glichen wir wieder mit sehr viel Wimperntusche aus, auch wenn die oft keine war. Wimpernspiralen gab es nicht oder selten, aber wir hatten ja den Erfindergeist unserer Eltern geerbt und so griffen wir zum kleinen Bürstchen mit schwarzer „eggü" Schuhcreme darauf. Sah toll aus und hat uns überraschenderweise auch nicht erblinden lassen. Wenn wir dann noch Kordschuhe, weiße Kniestrümpfe und einen schwarzen superkurzen Rock mit breitem Gürtel hatten, waren wir die Schönsten.

*Die lieben Nachbarn*

Am 15. Januar 1972 begann der visafreie Reiseverkehr nach Polen und in die CSSR. Man konnte nun mal schnell in die hohe Tatra oder nach Prag fahren. Das war schön. Auch in umgekehrter Richtung zeigten vor allem die polnischen Nachbarn großes Interesse an der DDR. Ihre Interessen lagen allerdings weniger in Richtung Zwinger oder Elbsandsteingebirge, sondern mehr in Richtung Kaufhaus und Kaufhalle. In elf Monaten reisten allein zehn Millionen Polen in der DDR ein und hinterließen durch ihre Hamsterkäufe nur leere Regale und Wut. Es war ja nicht so, dass wir nicht teilen wollten, aber wo es nichts zu teilen gibt … Sich des Konsumgütermangels bewusst, reagierte unsere Regierung außergewöhnlich schnell. Am 27. November desselben Jahres durften polnische Staatsbürger nur noch 200 Mark umtauschen, und ab dem 1. Januar 1973 gab es ein Ausfuhrverbot für Babywäsche, Berufsbekleidung, Porzellan, Tonbandgeräte und Fleischwaren.

Viel kürzer konnten die Röcke kaum noch sein.

## Stricken und Nähen

Konnte Mutti stricken und kam sie an Wolle ran, trugen wir bald diese figurbetonten Strickhosen – oben ganz eng, unten ganz weit. Dazu Plateauschuhe, mit denen man jeglichen Halt zum Boden verlor. Geeignet waren diese Schuhe wirklich nicht, um nach weiteren begehrten Artikeln herumzulaufen. So zum Beispiel Mäntel, Stiefel und Taschen aus Knautschlackleder. Oder Latzhosen, Hot pants, Blümchenlook – mein Gott, es gab so viele wichtige Dinge auf der Welt.

Und wir hielten sie in Trab, unsere kleine Welt. Mutti musste nicht nur stricken können, nein, noch wichtiger war die Beherrschung der Nähnadel. War die Suche nach einem tollen Stoff von Erfolg gekrönt, aus „Sibylle", „pramo" oder „saison" Anregung und Schnitt geholt, stand der Vollendung unseres Modetraums nichts mehr im Wege.

## 14-jährige Trauerredner

Härter getroffen hat es da schon die 56er Jungs. So viele Möglichkeiten wie wir hattet ihr nicht (wolltet ihr das überhaupt?!). Das Elend fing schon bei der Jugendweihe an. Die meisten von euch sahen aus wie kleine Trauerredner, und den Anzug, den habt ihr doch dann nie wieder angezogen, stimmts? Okay, unsere frische Dauerwelle und die hochgesteckten Haare machten uns auch nicht gerade schöner an diesem Tag.

Aber nicht Ost- und nicht mal Westjeans sollten es zu dieser Feierlichkeit für euch sein. Es blieb nur der Kordanzug als modisches Äquivalent. Das hieß, früh um acht an einem bestimmten Tag an der Jumo anstehen, auch wenn diese erst um zehn öffnete. Noch zeitiger anstehen oder gute Beziehungen haben, hieß es ab 1972, als die ersten Jeans, Kord- und Samthosen von LEVIS eingeführt und für 80 Mark verkauft wurden. Noch vor einigen Jahren wäre dieses undenkbar gewesen, denn Jeans waren als „westlich-dekadente Cowboy- Mode" verpönt und ihr Tragen konnte weitreichende Konsequenzen für die eigene Zukunft haben.

## Willy, Willy

Ob an diesem 19. März 1970 auch über dieses Thema gesprochen wurde, ist nicht überliefert. Bekannt ist nur, dass Willy Brandt an jenem Tag das erste Mal in der DDR war, um sich mit Willi Stoph zu treffen. Die Begegnung fand im Hotel Erfurter Hof statt und sollte die eisige Atmosphäre zwischen beiden deutschen Staaten etwas auftauen. Welcher Schauer lief uns und unseren Eltern über den Rücken, als wir abends in der „Tagesschau" die Tausende

Menschen sahen, die vor dem Hotel standen und immerzu „Willy, Willy" oder „Willy, komm ans Fenster" riefen.

Dass die Rufe nicht dem Ministerpräsidenten der DDR galten, war allen klar. Und Brandt kam auch kurz ans Fenster, aber nur um die Leute zu beruhigen. Er sagte später einmal dazu: „So mahnte ich durch eine Bewegung meiner Hände zur Zurückhaltung. Man hat mich verstanden. Die Menge wurde stumm. Ich wandte mich schweren Herzens ab. Mancher meiner Mitarbeiter hatte Tränen in den Augen."

### Wo man singt …

*Auf Anregung des kanadischen Folksängers Perry Friedman wurde am 15. Februar 1966 der „Hootenanny-Klub" in Berlin gegründet. Das klang aber in den Ohren von Partei- und Kulturfunktionären nicht sehr linientreu und so nannte er sich kurze Zeit später „Oktoberklub", erinnernd an die Oktoberrevolution in Russland. Dieser hatte dann am 4. März 1967 seinen ersten Auftritt und war die Kaderschmiede für viele künftige populäre Solokünstler wie z. B. Frank Schöbel. Außerdem war der Oktoberklub Vorbild für die FDJ-Singebewegung, die noch weit bis in die 80er-Jahre reichte und mit dem „Festival des politischen Liedes" jedes Jahr ihren Höhepunkt hatte.*

*Fast jede Schule oder jeder Betrieb besaß einen Singeklub.*

## In Sachen Aufklärung

Obwohl der Spruch „Im Konsum keine Verwandte, in der HO keine Bekannte, aus dem Westen kein Paket – und da fragst du noch, wie's geht?" in aller Munde war,

lockerte sich für uns 56er doch vieles spürbar. So zum Beispiel in Sachen Aufklärung und Sex. Frühzeitig wussten wir über das Wichtigste Bescheid, allerdings selten durch unsere Eltern. Die gingen zwar mit uns ohne Bedenken und mit viel Freude an den FKK-Strand, aber bei dem Thema Liebe ließen sie doch lieber der Schule den Vortritt oder dem gedruckten Wort. So war das Sexual-Standardwerk der DDR schlechthin „Mann und Frau intim" von Dr. Siegfried Schnabel seit 1970 ständig vergriffen. So antwortete Jutta Resch-Treuwerth in der wöchentlich erschienenen Rubrik „Unter vier Augen" der Tageszeitung „Junge Welt" auch oft auf brisante Fragen, die uns auf den Nägeln brannten. Und so fand man im monatlichen Jugendmagazin „neues leben" gute Beiträge zum Thema „Das erste Mal", zur Pille, zum Thema Eifersucht – na, das ganze Programm eben. Alles sehr gut aufgemacht, schöne Bilder, witzige Zeichnungen – Sex wurde dadurch für uns etwas ganz Normales und Natürliches.

## Disko mit k

Aber es lockerte sich noch mehr, nämlich das Verhältnis des Staates zu unserer Lieblingsdroge Musik. Anfang der 70er-Jahre schossen Jugendklubs der FDJ (wohlgemerkt mit k) wie Pilze aus dem Boden. Dreimal die Woche Diskothek für nur 90 Pfennig, das war was. Nun konnten wir neben Renft, Stern Meißen, Veronika Fischer und Band, Karat, elektra, Puhdys, City, Horst-Krüger-Band, Thomas Natschinski, Omega, Rote Gitarren und vielen anderen Ost-Gruppen verstärkt auch unsere Hüften zu Hits der Rolling Stones, Suzi Quatro, Bee Gees, Santana, Ike and Tina Turner, Jimi Hendrix und wie sie alle hießen, kreisen lassen. Nachdem wir dann „Blutige Erdbeeren" mindestens dreimal gesehen hatten, hielt uns John Lennons „Give peace a chance" nicht mehr auf den Beinen. Wir fielen auf die Knie und schlugen mit den Händen den Rhythmus auf den Boden. Ein kollektives Erlebnis!

Sehr viel intensiver wurde das Erlebnis, wenn das ach so anrüchige und ja eigentlich verbotene „Je t'aime" durch die Boxen gehaucht wurde. Einen kurzen Moment des Innehaltens, bevor dann der Körperkontakt wieder heftiger wurde: Wir tanzten „Bum" und schlugen mit Hüften und Po nach teilweise recht gewagten Sprüngen aneinander. Oft blieben wir Mädchen da allein auf der Tanzfläche.

Und die Jungs? Die zogen ihre Trümpfe auf anderem Terrain. Zum Beispiel im Schwimmbad. Eins, zwei, drei und schon flogen wir ins Wasser oder sie klauten uns die Haarbürste oder sie machten sich auf unserer Decke breit. Na ja, das war uns ja teilweise doch nicht so unrecht. Oder sie waren die Helden auf dem Rummel. Denn nach zweimal Kettenkarussell und „Walzerfahrt zum Mond" hatten wir uns ja schon die Seele aus dem Leib gekreischt und sahen hinterher etwas grün aus. Die Jungs bewiesen uns auch hier ihre Männlichkeit und strahlten noch nach der zehnten Fahrt.

„Die Legende von Paul und Paula" – einer der schönsten DEFA-Filme überhaupt.

### Paul und Paula

*Einer der schönsten Filme der DEFA, der auch heute noch Kult-Status besitzt, ist „Die Legende von Paul und Paula". Über eine Million Zuschauer sahen diesen tragisch-schönen Streifen von Heiner Carow nach einem Buch von Ulrich Plenzdorf, und mindestens die Hälfte davon hat im Kino geweint. Komik, Tragik, Liebe – nie zuvor wurde alles so schön in einem Film verpackt. Wenn die wunderbare Angelica Domröse Winfried Glatzeder verführt und der schleunigst seine Kampfgruppenuniform von sich warf und mit ihr in das blumengeschmückte Bett stieg, dann war das ein Politikum und eine Lovestory gleichzeitig, dann war das was für Herz und Hirn. Als am 29. April 1973 in Berlin vor 1200 Zuschauern die Kinopremi-* *ere stattfand, klatschten sich am Ende 400 davon die Hände wund.*

*Der Rest verharrte in eisigem Schweigen, bis der Stadtrat für Kultur türknallend den Saal verließ. Die Besonderheit des Films wurde noch durch die Musik der Puhdys unterstützt. Songs wie „Wenn ein Mensch" oder „Geh zu ihr" stehen noch heute bei Oldie-Hitparaden ganz oben.*

Der ganze Stolz – eine aufgepeppte ES 250.

In der FDJ zu sein war für die berufliche Entwicklung schon ganz schön wichtig.

## DIAMANT und MIFA

Ebenso strahlten die Jungs natürlich, wenn sie ein neues Fahrrad bekamen. „Wer MIFA fährt, ist Dresche wert!" – „Wer DIAMANT lenkt, wird aufgehängt!" Solche und ähnliche Sprüche wurden dann losgelassen, denn diese beiden Fahrradmarken, einmal Tourenrad und einmal Sportrad, standen sich als antagonistischer Widerspruch gegenüber, so wie die Stones und die Beatles. Aber geschraubt und gebastelt wurde wieder gemeinsam.

So wanderte die Tube „Elsterglanz" von Hand zu Hand, denn die Chromteile mussten ja perfekt glänzen. Oder es wurden bunte Nabenreiniger eingefädelt bzw. ein Bierdeckel am Schutzblech befestigt, damit die Speichen beim Dagegenschlagen schönen Krach machten.

## Feuerstühle

Noch mehr „flogen" wir Weiber ja auf die Kerle, die schon bald einen Feuerstuhl ihr Eigen nannten. Bereits mit 15 Jahren konnte eine Fahrerlaubnis für Kleinkrafträder bis 50 Kubikzentimeter Hubraum gemacht werden. Und mit 16 war bereits

die Fahrerlaubnis für die Klasse 1 (Motorräder) möglich. Schwalbe, Star, Spatz und die ES 150 waren die meistgefahrenen Zweiräder in dieser Zeit. Natürlich motorisierte sich auch die 56er Weiblichkeit. Aber war es nicht viel schöner, sich als Sozia an seinen Vordermann zu schmiegen?

Anschmiegen konnten wir uns auch manchmal in der Tanzstunde, obwohl das nicht gern gesehen war und nicht jeder Tanzpartner das unbedingt herausforderte. Warum waren die Jungs in dem Alter nur alle so klein und warum waren sie so tollpatschig? Zum Glück gingen Mittel- und Abschlussball ja irgendwann mal vorbei und wir konnten uns glücklich wieder in Jeans und Parka, in Tramper und Jesuslatschen hüllen. Aber auch das war nicht so einfach wie es klingt, denn Jesuslatschen zum Beispiel, obwohl nur aus einer Sohle, fünf kleinen Riemchen und zwei Schnallen bestehend, waren knapp.

Gelungener Abschlussball, denn die Tanzpartner waren wenigstens gleich groß.

## Paragraf 218

14 Gegenstimmen und acht Stimmenthaltungen der christlichen Abgeordneten – und das in der Volkskammer. Ein einmaliger Vorgang, der sich am 9. März 1972 zugetragen hatte. Grund war die Abschaffung des Paragrafen 218 und die Erlassung des „Gesetzes über die Unterbrechung der Schwangerschaft", auch Fristenlösung genannt. Alle Frauen ab dem 18. Lebensjahr durften nun in den ersten drei Monaten der Schwangerschaft selbst entscheiden, ob sie das Kind bekommen wollten oder nicht. Bei Minderjährigen mussten die Erziehungsberechtigten ihr Einverständnis dazu geben. Dieser medizinische Eingriff war ebenso kostenlos wie auch seit 1972 die „Anti-Baby-Pille". Die gebräuchlichsten Sorten waren „Non-Ovlon", „Ovosiston" und „Gravistat".

Gleichzeitig aber wurde 1972 das sogenannte „Begrüßungsgeld" für jedes Baby eingeführt. 1000 Mark für das erste und bis zu 2500 Mark für jedes weitere Kind.

Feiern konnten wir schon sehr schnell
wie die Großen, egal ob zu Hause …

## Trennungen

Ach, und da war ja noch was, fast vergessen – die Schule. Ab der neunten
Klasse trennten sich für viele bereits die Wege. Durchschnittlich fünf, sechs
Leute pro Klasse konnten die Erweiterte Oberschule (EOS) besuchen und dort
ihr Abitur machen. Das sollten eigentlich immer die Besten gewesen sein, aber
manche hatten im Klassenbuch hinter ihrem Namen ein „S" für „Selbstständig"
stehen, und da sah es dann schon schlecht aus. Für die mit einem „A" wie
„Arbeiter" sah es dagegen viel besser aus. Einige wenige verließen auch
schon die Schule, um einen Beruf zu lernen. Das machten die meisten von uns
ja nach dem Abschluss der zehnten Klasse. Ein paar andere absolvierten eine
Berufsausbildung mit Abitur. Das dauerte drei anstatt zwei Jahre.

Bei diesen Entscheidun-
gen spürte man dann
schon, dass man erwach-
sen wird. Denn meist waren
die eingeschlagenen Wege
auch lebensbestimmend,
selbst wenn selten einer

… oder auf dem Zeltplatz

seinen Wunschberuf bekam. Wie viele Jungs wollten KfZ-Mechaniker werden und wie viele Mädchen Friseuse – und wie viele sind es nicht geworden? „Vitamin B" der Eltern spielte auch hier wieder eine ganz wichtige Rolle, als wir in der zehnten Klasse die grauen Bewerbungskarten in den Händen hielten. Dass wir nicht arbeiten wollten, kam uns eigentlich nicht in den Sinn. Nur Hausfrauen werden – unvorstellbar.

### Osthits im Westen

1970/1971 war Frank Schöbel häufig im Fernsehen Ost zu sehen. „Mode und Musik" sowie „Treff mit Chris und Frank" hießen die beliebten Sendungen, dazu zahlreiche Auftritte in diversen Unterhaltungsshows. Dann komponierte und sang er „Wie ein Stern" und plötzlich sahen wir ihn in „Studio B" und in der ZDF-Starparade. Sieben Wochen lag das Lied auf Platz eins in der Rias Hitparade – das war der Hammer, und wir waren irgendwie stolz darauf. Auch KARAT konnte bei der Plattenfirma Teldec eine LP herausbringen. Als dann noch 1972 Dean Reed in die DDR übersiedelte, hatten wir wirklich das Gefühl, dass sich der eiserne Vorhang etwas hebt.

Auch das Fernsehen wird abwechslungsreicher. Am 29. Januar 1972 wird erstmals „Ein Kessel Buntes" aus dem Friedrichstadtpalast präsentiert. Auch das beliebte Tele-Lotto, immer sonntags 19 Uhr, wird im selben Jahr gestartet. Ein Jahr zuvor beginnt bereits der „Polizeiruf 110" mit Peter Borgelt als Hauptmann Fuchs. 1973 sind die Höhepunkte „Das unsichtbare Visier" mit Armin Mueller-Stahl und 1974 „Aber Vati" mit Erik S. Klein.

# Wir 56er

Wie haben wir eigentlich die Monate vor unserem „18." so verbracht? Eigentlich nicht besonders spektakulär – in der großen Masse gesehen. Für jeden Einzelnen vielleicht sehr dramatisch. Abi überraschend glänzend bestanden, Lehre völlig unerwartet hingeschmissen, die erste große Liebe, der erste große Liebeskummer. Jeder entdeckte für sich und an sich etwas Neues. Der, der nie gerne gelernt hatte, kniete sich plötzlich in seine Ausbildung, weil er mit seinen Händen etwas schaffen konnte. Diejenigen von uns, denen immer alles zuflog in der Schule, hatten plötzlich arge Schwierigkeiten mit der „höheren Mathematik". Unsere Eltern, Lehrer und Ausbilder verstanden uns mal mehr und mal weniger gut (oder wir sie?) und dementsprechend fielen auch die Auseinandersetzungen mit ihnen aus.

Aber wir hatten ja unsere Cliquen, in denen wir aufgefangen wurden, Freunde, denen es genauso ging wie uns. Wir feierten mit Gleichgesinnten zu Hause oder im Garten, am besten, wenn „sturmfrei" war. Wir rauchten Karo, Casino, Alte Juwel, f6, Cabinett oder Juwel 72 und tranken Goldbrand, Kirsch-Whisky, Gotano, Liebeszauber und Tim's Sauren. Wir gingen zur Disko und zu Rockkonzerten. Wir tobten uns im Sportverein aus oder in der GST. Hier konnten wir so richtig Gas geben – in des Wortes doppelter Bedeutung, denn wo sonst kam man so preisgünstig an eine Fahrerlaubnis (außer für einen PKW) ran? Wo sonst konnte man völlig kostenlos so viel Sprit durch den Auspuff jagen? Die politische Seite der Gesellschaft für Sport und Technik sahen viele nur als notwendiges Übel, was meistens zählte, waren die PS unterm Hintern.

Wir halfen aber auch Oma und Opa und wir kümmerten uns um unsere kleineren Geschwister – ja, so verbrachten wir unsere letzten Monate vor dem „18." Wir wuchsen bis zum 18. Lebensjahr systematisch in unsere Zukunft hinein und lernten dabei das Wechselspiel zwischen Pflicht und Vergnügen, zwischen Anstrengung und Lockerheit, zwischen sich engagieren und sich zurückziehen. Wir lebten die ersten 18 Jahre ganz anders als unsere Eltern und wurden ihnen trotzdem ähnlich. Das ist doch gut zu wissen, wenn wir heute auf unsere eigenen Kinder schauen …

Oh, wie haben wir gesündigt.